Hernandes Dias Lopes

A felicidade ao seu alcance

UMA EXPOSIÇÃO
DAS BEM-AVENTURANÇAS

© 2008 por Hernandes Dias Lopes

1ª edição: maio de 2008
6ª reimpressão: fevereiro de 2021

REVISÃO
Andréa Filatro
Noemi L. Lopes Soares Ferreira

DIAGRAMAÇÃO
Sandra Oliveira

CAPA
Douglas Lucas

EDITOR
Aldo Menezes

COORDENADOR DE PRODUÇÃO
Mauro Terrengui

IMPRESSÃO E ACABAMENTO
Imprensa da Fé

As opiniões, as interpretações e os conceitos emitidos nesta obra são de responsabilidade do autor e não refletem necessariamente o ponto de vista da Hagnos.

Todos os direitos desta edição reservados à
EDITORA HAGNOS LTDA.
Av. Jacinto Júlio, 27
04815-160 — São Paulo, SP
Tel.: (11) 5668-5668

E-mail: hagnos@hagnos.com.br
Home page: www.hagnos.com.br

Dados Internacionais de Catalogação na Publicação (CIP)
Câmara Brasileira do Livro, SP, Brasil

Lopes, Hernandes Dias

A felicidade ao seu alcance: uma exposição das Bem-aventuranças / Hernandes Dias Lopes. — São Paulo: Hagnos, 2008.

ISBN 978-85-7742-029-2

1. Bem-aventuranças 2. Felicidade - Ensino bíblico 3. Jesus Cristo - Ensinamentos 4. Sermão da montanha 5. Vida cristã I. Título.

08-02051   CDD-226.93

Índices para catálogo sistemático:
1. Bem-aventuranças: Sermão da montanha: Evangelhos 226.93

Editora associada à:

Dedicatória

Dedico este livro ao querido irmão dr. José Maria de Oliveira e sua amada esposa, Aleida. Este casal tem sido uma bênção em nossa vida, família e ministério. São amigos muito preciosos, sempre apoiando nossa jornada, presentes de Deus para o nosso coração.

DEDICATÓRIA

Índice

Prefácio   7

Introdução   9

CAPÍTULO 1
A felicidade dos humildes de espírito   15

CAPÍTULO 2
A felicidade dos que choram   31

CAPÍTULO 3
A felicidade singular dos mansos   47

CAPÍTULO 4
A felicidade daqueles que têm fome e sede de justiça   61

CAPÍTULO 5
A felicidade dos misericordiosos   81

6 A FELICIDADE AO SEU ALCANCE

CAPÍTULO 6
A felicidade dos puros de coração   95

CAPÍTULO 7
A felicidade dos pacificadores   109

CAPÍTULO 8
A felicidade dos perseguidos por causa da justiça   121

Prefácio

As bem-aventuranças são a síntese mais excelente dos valores e princípios do Reino de Deus. São pedras preciosas de rara beleza e grande valor. São jóias que ornam a doutrina de Cristo. Estudar sobre as bem-aventuranças é entrar em terreno sagrado, é adentrar o santo dos santos, é alcançar as alturas mais excelsas da bendita revelação de Deus. Jesus Cristo é o Mestre dos mestres. É o maior intérprete das Escrituras. Ele é o mensageiro e a mensagem. O profeta e a profecia. O sacerdote e o sacrifício. Ele é o Verbo eterno que se fez carne. Jesus é o Mestre singular pela natureza do seu ensino, pela riqueza da sua doutrina e pela excelência dos seus métodos. Jesus não foi um mestre de banalidades. Ele não foi um alfaiate do efêmero, mas um escultor do eterno.

As bem-aventuranças são o pórtico de entrada do Sermão do Monte. Este é o portão dourado que nos introduz no palácio da verdade, nos toma pela mão e nos guia pelos corredores espaçosos, onde contemplamos os quadros mais ricos, mais belos e mais esplêndidos do ensino de Cristo.

8 A FELICIDADE AO SEU ALCANCE

As bem-aventuranças nos falam da nossa relação com Deus, com o próximo e com nós mesmos. É a carta magna da ética cristã. É o mapa seguro que nos ensina o caminho de uma vida que agrada a Deus e glorifica seu nome. As bem-aventuranças são o estatuto dos súditos do Reino. Elas esboçam o perfil daqueles que nasceram de novo e que foram transportados de um reino de trevas para o Reino da luz.

As bem-aventuranças são os elos dourados de uma mesma corrente. Elas estão interligadas. Não podemos ter uma sem possuir as outras. Elas são um todo. Não podem ser desconectadas. Uma pessoa humilde de espírito chora pelos seus pecados e revela mansidão. Uma pessoa que tem fome e sede de justiça é misericordiosa e também limpa de coração. Uma pessoa pacificadora também suporta a perseguição com alegria.

Meu profundo anseio é que este livro seja um instrumento de bênção na sua vida. Nesses dias em que a doutrina bíblica está sendo tão desprezada e que a ética cristã está sendo tão vilipendiada, precisamos nos voltar para as Escrituras. Estamos vivendo uma assoladora crise de integridade em nossa nação. Essa crise atinge os palácios, as casas de leis, o poder judiciário, as instituições econômicas, as empresas privadas e até mesmo as igrejas evangélicas. Nesse tempo de confusão filosófica, apostasia religiosa e bancarrota moral as bem-aventuranças apontam uma direção certa e segura. A solução para o homem do século 21 está em Deus. Somente por meio de Cristo o homem pode achegar-se a Deus. Somente pela transformação do Espírito Santo ele pode ser nova criatura. Somente alguém que recebeu um novo coração, uma nova vida e tem uma nova mente pode vivenciar a realidade sublime das bem-aventuranças.

Que Deus abençoe sua vida na medida em que caminha comigo pelas páginas deste livro!

Hernandes Dias Lopes

Introdução

A FELICIDADE NÃO ESTÁ EM UM LUGAR ao qual chegamos, mas na maneira como caminhamos. A felicidade é o maior anseio do homem. Somos obcecados pelo prazer. Corremos a todas as fontes que nos prometem o segredo da felicidade. Bilhões de reais são gastos todos os anos com a promessa de alguma coisa que nos levará a esse paraíso. Viagens, filmes, roupas, jóias, aventuras, conquistas e experiências são os pratos do dia servidos a uma platéia faminta de felicidade. Empanturramo-nos com essas iguarias só para descobrir que continuamos ainda mais vazios e insatisfeitos.

Jesus nos dá a receita da verdadeira felicidade. John MacArthur diz que o negócio de Jesus é a felicidade.[1] Ele coloca diante de nós o mapa que nos leva a esse paraíso cobiçado. Os tesouros riquíssimos da verdadeira felicidade estão ao nosso alcance. A felicidade não é

---

[1] MacARTHUR Jr., John. O caminho da felicidade. São Paulo: Cultura Cristã, 2001, p. 13.

uma utopia, mas algo factível, concreto, tangível, ao nosso alcance. A boa notícia é que a felicidade não é algo que compramos com dinheiro, mas um presente que recebemos de Deus. O dinheiro pode dar-nos uma casa, mas não um lar; pode dar-nos conforto, mas não saúde; pode dar-nos companhia, mas não amizade verdadeira; pode dar-nos um rico funeral, mas não a vida eterna; pode dar-nos aventuras, mas não a felicidade verdadeira.

A felicidade não está nas coisas que vemos; é uma atitude do coração. Não é um pagamento de nossas virtudes, mas um presente da graça. Não é algo que conquistamos pelo nosso esforço, mas um dom que recebemos pela fé.

Jesus fala sobre a verdadeira felicidade no prólogo do Seu Sermão do Monte. A felicidade não procede do mundo, mas de Deus. É na presença de Deus que existe alegria verdadeira e perene. Só na destra de Deus há delícias para sempre. O filho pródigo pensou que era feliz quando tinha dinheiro no bolso e amigos ao seu redor. A felicidade que o mundo proporciona, no entanto, é passageira e superficial. Ela não resiste aos tempos de crise. Quando o dinheiro acabou e os amigos foram embora, aquele homem sentiu a dor da solidão e o vazio da infelicidade. O pecado é uma fraude. Ele promete prazer e produz desgosto. Promete vida e gera a morte.

As bem-aventuranças são um roteiro seguro para aquele que busca ser feliz. John MacArthur diz que a alegria é o principal tema das bem-aventuranças.[2] O que o mundo promete e não consegue dar, Jesus oferece gratuitamente. É importante afirmar que esse roteiro de viagem está na contramão de todas as orientações do mundo. Não é um caminho aberto da terra para o céu, mas do céu para a terra. Não é algo que o homem faz para agradar a Deus, mas o que Deus faz para o homem. A verdadeira felicidade não é prêmio, é presente; não é merecimento, é graça!

---

[2] MacARTHUR Jr., John. O caminho da felicidade, p. 9.

INTRODUÇÃO 11

John Stott, renomado expositor bíblico, afirma que as bem-aventuranças enfatizam principais oito sinais da conduta e do caráter cristãos, especialmente em relação a Deus e aos homens.[3]

Assim como o fruto do Espírito expressa o caráter do cristão e não suas diversas facetas, de igual forma as bem-aventuranças são oito atributos do mesmo grupo de pessoas. Um cristão maduro tem todas essas oito qualidades e não apenas algumas delas. John Stott diz: "As oito qualidades juntas constituem as responsabilidades; e as oito bênçãos, os privilégios, a condição de cidadãos do Reino de Deus".[4]

Jesus é enfático ao afirmar que o cristão é feliz, muito feliz! Sua felicidade é pura, profunda e eterna. O mundo não pode concedê-la nem retirá-la. Ela começa na terra e continua no céu por toda a eternidade.

As bem-aventuranças não são qualidades inatas ou adquiridas pelo esforço humano. Nenhum homem poderia possuir essas bem-aventuranças à parte da graça de Deus. As bem-aventuranças não são uma retribuição dos méritos humanos, mas um presente da graça divina. As bem-aventuranças não são o prêmio pela nossa obediência a certos preceitos da lei, mas o resultado da perfeita obediência de Cristo e Sua obra vicária por nós. Concordo com a síntese dos reformadores puritanos, quando afirmaram que a lei nos envia a Cristo para sermos justificados, e Cristo nos manda de volta à lei para sermos santificados.[5]

---

[3] STOTT, John R. W. Contracultura cristã – a mensagem do Sermão do Monte. São Paulo: ABU, 1981, p. 11.

[4] STOTT, John R. W. Contracultura cristã – a mensagem do Sermão do Monte, p. 23.

[5] STOTT, John R. W. Contracultura cristã – a mensagem do Sermão do Monte, p. 25.

12 A FELICIDADE AO SEU ALCANCE

A felicidade é o resultado de um relacionamento adequado com Deus, com nós mesmos e com o nosso próximo. As oito bem-aventuranças apontam para esse tríplice relacionamento. A felicidade consiste em uma relação adequada com Deus. As duas primeiras bem-aventuranças falam de uma maneira apropriada de nos aproximarmos de Deus. Feliz é o humilde de espírito, e feliz é o que chora. Esses conceitos estão na contramão dos valores do mundo, que enaltecem a arrogância e a presunção. A palavra "humilde" na língua grega é *ptokós*, que significa pobre, carente, completamente desprovido dos bens mais necessários. Trata-se do mendigo que nada tem para exigir ou reivindicar. Feliz é o homem que se aproxima de Deus sabendo de sua total falência espiritual e desta maneira se agarra à graça de Deus. A palavra usada para "choro" é a mais forte do vocabulário grego. Era usada para descrever o choro pela perda de um ente querido. Trata-se de um choro profundo, doloroso e amargo. Feliz é aquele que chora pelos seus pecados e sente tristeza diante de Deus devido às mazelas do seu coração. Aqueles que se aproximam de Deus, conscientes de sua total necessidade e lamentando pelos seus pecados são muito felizes. Felizes porque recebem consolo e também a herança do Reino dos céus.

A felicidade consiste em uma relação adequada com nós mesmos. Jesus disse que os mansos e os puros de coração são bem-aventurados. Uma pessoa mansa tem controle sobre si mesma. A palavra grega *praus* era usada para um animal domesticado. Esse animal tem força, mas a utiliza para o bem, e não para o mal. Uma pessoa que não tem domínio próprio arruína a sua vida e a vida dos outros. Da mesma forma, uma pessoa feliz cuida da fonte de sua própria alma; vela pela pureza do seu coração. A felicidade não está nas iguarias do mundo. Aí pode existir muita aventura, mas nenhuma felicidade verdadeira. O filho pródigo pensou que o brilho e o glamour do mundo eram o palco da verdadeira felicidade, mas as luzes do mundo são falsas e o prazer do pecado, passageiro. Não são aqueles que se abastecem dos banquetes do mundo que fruirão a verdadeira felicidade, mas os puros de coração, pois somente estes verão a Deus. A felicidade consiste em uma relação adequada com o próximo. Nas três últimas bem-aventuranças, Jesus fala da nossa relação com o próximo. Felizes são os misericordiosos, os pacificadores e os perseguidos por causa da justiça. A felicidade não está em explorar o próximo, mas em servi-lo. A felicidade não está em destruir o próximo ou cavar abismos para separar as pessoas, mas em construir pontes de reconciliação entre elas. A felicidade não está em sofrer ou fazer alguém sofrer pela prática da injustiça, mas em praticar a justiça e estar disposto a ser perseguido por essa causa. Os misericordiosos alcançarão misericórdia, os pacificadores serão chamados filhos de Deus, e os perseguidos por causa da justiça receberão a herança do reino. Haveria razões mais eloqüentes para sermos felizes? A felicidade existe. Ela não é apenas uma promessa para a vida porvir, mas uma realidade a ser experimentada aqui e agora. Você é uma pessoa feliz? Você pode colocar a sua fotografia na moldura das bem-aventuranças?

Capítulo 1

A FELICIDADE DOS HUMILDES DE ESPÍRITO (MT 5.1-3)

JESUS É O MAIOR PREGADOR do mundo. O texto das bem-aventuranças abre o que nós chamamos de "o maior sermão da história", o Sermão do Monte. Jesus é o maior pregador de todos os tempos porque Ele é a própria Palavra encarnada. Jesus não foi um alfaiate do efêmero, mas um escultor do eterno. Ele foi o maior pregador da história pela sublimidade de Seu ensino, a excelência dos Seus métodos e a grandeza incomparável de Seu caráter. Thomas Watson acertadamente diz que Suas palavras são oráculos; Suas obras, milagres; Sua vida, modelo; Sua morte, um sacrifício. Enquanto nós não podemos conhecer todas as facetas dos nossos ouvintes, Ele conhece o coração de todos os homens.[6]

Jesus, o maior pregador fala sobre a verdadeira felicidade. Na verdade, o cristianismo é a religião do prazer e da felicidade. O

---

[6] WATSON, Thomas. The beatitudes. The banner of truth trust. Pennsylvania: Carliste, 2000, p. 13.

16 A FELICIDADE AO SEU ALCANCE

homem é um ser obstinado na busca do prazer. O hedonismo ensina que o prazer é o fim último do ser humano. Essa filosofia parece reger a humanidade. A grande questão é onde está esse prazer: Nas coisas externas? No dinheiro? No sucesso? Na cultura? No sexo? Na diversão? Nas viagens psicodélicas? Salomão buscou a felicidade na bebida, na riqueza, no sexo e na fama e viu que tudo era vaidade (Ec 2.1-10). Hoje as indústrias farmacêuticas gastam milhões de dólares em remédios que buscam aliviar o estresse e aplacar a dor dos infelizes. As agências de turismo anunciam pacotes de viagens para lugares encantadores prometendo felicidade aos seus clientes. A poderosa indústria do entretenimento põe diante de nós uma infinidade de opções visando acalentar a perturbada alma humana. No entanto, esses expedientes não logram alcançar seu objetivo.

Concordo com John Piper quando ele disse que o problema do homem não é a busca do prazer, mas o contentamento com um prazer terreno, carnal, raso e passageiro. Na verdade, Deus nos criou para o maior dos prazeres. A busca da felicidade é legítima. O verdadeiro prazer está em Deus. Os teólogos de Westminster, no século 17, tocaram no cerne desta questão quando afirmaram que o fim principal do homem é glorificar a Deus e alegrá-lo para sempre. É na presença de Deus que existem delícias eternas. Conforme Agostinho disse em suas *Confissões*: "Senhor, Tu nos criaste para Ti e a nossa alma não encontrará descanso até repousar em Ti".

A verdadeira felicidade é um grande paradoxo aos olhos do mundo

Destacamos três pontos importantes aqui:

Em primeiro lugar, *a verdadeira felicidade é abraçar o que o mundo repudia e repudiar o que o mundo aplaude*. Leon Morris diz que essa bem-aventurança revela o vazio dos valores

A FELICIDADE DOS HUMILDES DE ESPÍRITO 17

do mundo. Exalta aquilo que o mundo despreza e rejeita aquilo que o mundo admira.[7] Donald Kraebel, em seu livro *O Reino de Ponta-Cabeça*, diz que os valores do Reino de Deus são como uma pirâmide invertida. Jesus diz que feliz é o pobre, o que chora, o manso, o puro, o perseguido. Jesus diz que bem-aventurado é o pobre de espírito, e não a pessoa auto-suficiente, arrogante e soberba. Jesus diz que bem-aventurado é o que chora, e não aquele que é durão e insensível. Jesus diz que bem-aventurado é o manso, o que abre mão dos seus direitos, e não o valentão que se envolve em brigas intermináveis. Jesus diz que bem-aventurado é o pacificador, aquele que não apenas evita contendas, mas busca apaziguar os ânimos exaltados dos outros. Jesus diz que bem-aventurado é o puro de coração, e não aquele que se banqueteia com todos os prazeres do mundo. Jesus diz que bem-aventurado é o perseguido por causa da justiça, e não aquele que procura levar vantagem em tudo.

Jesus diz que aquele que ganha a sua vida a perde; mas o que a perde, esse é quem a ganha. Jesus diz que o humilde é que será exaltado. Segundo Thomas Watson, o mundo pensa que feliz é aquele que está no pináculo, no lugar mais alto; mas Cristo pronuncia como bem-aventurado aquele que está no vale.[8]

Em segundo lugar, *a verdadeira felicidade não está nas coisas externas, mas nas realidades internas*. Jesus não disse que bem-aventurados são os ricos. Essa felicidade não está centrada em coisas externas. As riquezas não satisfazem. Deus colocou a eternidade no coração do homem. Nem todo o ouro da terra poderia preencher o vazio da nossa alma. A verdadeira felicidade

---

[7] MORRIS, Leon L. Lucas: introdução e comentário. São Paulo: Vida Nova, 1983, p. 120.

[8] WATSON, Thomas. The beatitudes, p. 39.

18 A FELICIDADE AO SEU ALCANCE

não está centrada na posse das bênçãos, mas se acha na fruição da intimidade com o abençoador. Para alcançar a felicidade, não basta tomar posse, mas fruir as bênçãos. Um homem pode morar num palácio e não se deleitar nele. Pode ter o domínio de um reino e não ter paz na alma.

James Hastings diz que há uma tendência em todas as posses-sões materiais de obscurecer as necessidades que elas não podem satisfazer. A mão cheia ajuda o homem a esquecer um coração vazio. As coisas que esvaziam a vida são comumente aquelas que prometem preenchê-la.[9] Jesus falou do homem que derrubou seus celeiros para construir outros novos e maiores e estocar abundante provisão, dizendo para sua própria alma para comer e regalar-se. Mas, como coisas não satisfazem o vazio da alma, Jesus chamou esse rico de louco.

A felicidade não está no topo da pirâmide social, nem mes-mo no prestígio político e econômico. Quando Davi pecou contra Deus e adulterou com Bate-Seba, continuou no trono, mas a mão de Deus pesava sobre ele de dia e de noite. Seu vigor se tornou sequidão de estio. A alegria fugiu da sua face, e a paz foi embora do seu coração. A verdadeira felicidade é deleitar-se em Deus, é alegrar-se com o sorriso de Deus, é beber dos rios de Seus prazeres (Sl 36.8). A verdadeira felicidade consiste em desfrutar da plenitude de Deus: Ele é sol, escudo, herança, fonte, rocha, alegria, esperança. A verdadeira felicidade consiste em tomar posse da bem-aventurança agora e na eternidade.

Em terceiro lugar, *a verdadeira felicidade não é apenas uma promessa para o futuro, mas também, e sobretudo, uma realidade para o presente.* Jesus não disse: Bem-aventurados serão os pobres de espírito. Ele disse: Bem-aventurados são os

---

[9] HASTINGS, James. The great texts of the Bible – St. Mathew. Vol. VIII. Wm. B. Eerdmans Publishing Company. Michigan: Grand Rapids, N.d., p. 70.

A FELICIDADE DOS HUMILDES DE ESPÍRITO 19

pobres de espírito. Os crentes não serão felizes apenas quando chegarem ao céu; eles já são felizes agora. Os crentes são felizes antes mesmo de serem coroados. São felizes não apenas na glória, mas a caminho da glória. Os fariseus transformaram a religião em um árduo legalismo. Ataram fardos pesados sobre as pessoas, tornando a vida uma escravidão humilhante. Cristo, porém, veio para nos libertar. Ser cristão não é viver cativo e prisioneiro de regras e preceitos. As grossas correntes que nos mantinham presos foram quebradas. Cristo encravou na cruz os nossos pecados, o escrito de dívida que era contra nós, triunfando também sobre os principados e potestades que tentam acusar-nos (Cl 2.14,15). Não precisamos mais viver tristes, sob o cabresto do legalismo, do sincretismo e do ascetismo. Fomos arrancados do império das trevas para o reino da luz. Saímos da escravidão para a liberdade dos filhos de Deus. Cristo nos deu vida abundante. Somos filhos e herdeiros de Deus. Temos acesso à Sua rica mesa e podemos comer das finas iguarias do Seu banquete. A felicidade não é apenas uma dádiva para o futuro, mas o penhor da bem-aventurança eterna.

A verdadeira felicidade está fundamentada no *ser* e não no *ter*

Por uma questão de fidelidade ao texto grego original, usaremos a expressão "pobres de espírito" em vez de "humildes de espírito", uma vez que a palavra *ptokós,* descreve uma pessoa absolutamente pobre, em estado de absoluta carência. Embora em nossa cultura essa expressão tenha um significado negativo, vamos usá-la no seu sentido original. Destacamos cinco pontos para nossa reflexão.

Em primeiro lugar, *o que ser pobre de espírito* não *significa.* Há muita confusão acerca do termo "pobre de espírito".

20 A FELICIDADE AO SEU ALCANCE

Thomas Watson fala sobre quatro realidades que não expressam o que é ser pobre de espírito.[10]

Não significa pobreza financeira. Francisco de Assis foi o patrono daqueles que pensam que renunciar às riquezas financeiras para viver na pobreza ou em um monastério dava crédito ao homem diante de Deus. Tal opinião violenta as Escrituras.[11] A pobreza em si não é um bem, da mesma forma que a riqueza em si não é um mal. Uma pessoa pode ser pobre financeiramente e não ser pobre de espírito. A pobreza financeira pode ser resultado da obra do Diabo, da exploração, da ganância e da preguiça. William Barclay está correto quando diz que a pobreza não é boa e que Jesus não qualificou os pobres financeiramente como bem-aventurados. Concordo com Martyn Lloyd-Jones quando diz: "Não há mérito nem vantagem na pobreza. A pobreza não serve de garantia da espiritualidade".[12] A pobreza bem-aventurada é a do "pobre de espírito", a do espírito que reconhece sua própria falta de recursos para enfrentar as exigências da vida e encontrar ajuda e fortaleza em Deus.[13]

Não significa ter uma vida espiritual pobre. Jesus não está elogiando aqueles que são espiritualmente pobres, descuidados com a vida espiritual. Ser pobre em santidade, verdade, fé e amor é uma grande tragédia. Jesus condenou a igreja de Laodicéia: "Sei que tu és pobre, miserável, cego e nu" (Ap 3.17). Vivemos em uma época faminta de riquezas terrenas e inapetente das riquezas espirituais. A maioria dos crentes vive uma vida espiritual rasa. São crentes fracos, tímidos, vulneráveis, espiritualmente trôpegos.

---

[10] WATSON, Thomas. The beatitudes, p. 40,41.

[11] LLOYD-JONES, Martyn. Estudos no Sermão do Monte. São Paulo: Fiel, 1984, p. 39.

[12] LLOYD-JONES, Martyn. Estudos no Sermão do Monte, p. 38.

[13] BARCLAY, William. Mateo I. Vol. 1, 1973, p. 100.

A FELICIDADE DOS HUMILDES DE ESPÍRITO 21

Não significa pobreza de auto-estima. Jesus não está falando que as pessoas que pensam menos a respeito de si mesmas são felizes. Baixa auto-estima não é um bem, mas um mal. Há muitas pessoas realmente infelizes que vivem esmagadas pelo complexo de inferioridade, com as emoções confusas e a alma ferida por uma auto-estima arranhada pelos revezes da vida. Ser pobre ou humilde de espírito significa ter uma opinião adequada a respeito de si mesmo (Rm 12.3). Warren Wiersbe diz que ser "pobre de espírito" não é uma falsa humildade, como a pessoa que diz: "Não tenho valor algum, não sou capaz de fazer nada".[14] Os príncipes de Israel que foram avistar a Terra Prometida, ao ver os gigantes com suas cidades fortificadas, olharam para si mesmos e disseram: Somos como gafanhotos! Eles eram príncipes, mas se consideraram menos do que príncipes, menos do que homens. Viram a si mesmos como insetos, como gafanhotos. Eles foram derrotados não pelas circunstâncias, mas pelos seus próprios sentimentos.

Não significa timidez ou fraqueza. Essas características não são virtudes, senão males que devem ser combatidos. Timidez é covardia. É a incapacidade de se posicionar. É ficar sempre em cima do muro. A Bíblia diz que os tímidos ficarão fora do Reino de Deus (Ap 21.8). Fraqueza, por sua vez, é a indisposição ou a incapacidade de se defender, de se posicionar, de assumir um postura clara e firme diante dos dilemas da vida. Aqueles que vivem prisioneiros no cipoal da timidez e da fraqueza não são felizes. O poeta diz que a vida é um combate que aos fracos abate e que aos fortes só pode exaltar. Ser forte não é andar escorado no bordão da autoconfiança, mas depositar sua confiança naquele que tem todo poder e autoridade no céu e na terra.

---

[14] WIERSBE, Warren W. Comentário bíblico expositivo. Vol. 5. Santo André: Geográfica, 2006, p. 23.

22 A FELICIDADE AO SEU ALCANCE

Em segundo lugar, *o que significa ser pobre de espírito*. Tendo olhado o aspecto negativo, veremos agora o que significa de fato ser pobre de espírito. *Ser pobre de espírito é a base para as outras virtudes.* A primeira bem-aventurança é o primeiro degrau da escada. Se Jesus começasse com a pureza de coração, não haveria esperança para nós. Primeiro precisamos estar vazios, para depois ser cheios, diz Martyn Lloyd-Jones.[15] Não podemos ser cheios de Deus, enquanto não formos esvaziados de nós mesmos. Esta virtude é a raiz, as outras são os frutos. Uma pessoa não pode chorar pelos seus pecados até saber que não tem méritos diante de Deus. Você jamais sentirá fome e sede de justiça a não ser que saiba que carece totalmente da graça. James Hastings diz que esta bem-aventurança é o rico solo em que as outras graças crescem e florescem. O topo dos montes normalmente é estéril porque é lavado pelas chuvas; mas o vale é fértil porque é para ali que as chuvas levam os mais ricos nutrientes. De modo semelhante, o coração soberbo é estéril. Nele nenhuma graça pode crescer; mas o coração humilde é solo fértil onde frutificam as mais sublimes virtudes cristãs.[16] É conhecido o adágio popular que diz que lata vazia é que faz barulho. São os restolhos secos que ficam empinados aos céus, mas as espigas cheias de grãos se dobram.

Ser pobre de espírito é reconhecer nossa total dependência de Deus. No grego, há duas palavras para designar "pobreza": a primeira delas é *penês* – é usada para descrever o homem que tem de trabalhar para ganhar a vida. É aquele que não tem nada que lhe sobre. É o homem que não é rico, mas que também não padece necessidades. Ele não possui o supérfluo, mas tem o básico.[17]

---

[15] LLOYD-JONES, Martyn. Estudos no Sermão do Monte, p. 37.

[16] HASTINGS, James. The great texts of the Bible – St. Matthew, p. 75,76.

[17] BARCLAY, William. Mateo I, p. 98.

A FELICIDADE DOS HUMILDES DE ESPÍRITO 23

A segunda palavra é *ptokós* – descreve a pobreza absoluta e total daquele que está afundado na miséria. É ser pobre como um mendigo. Trata-se da pessoa extremamente necessitada. Aquele que não tem nada.[18] *Ptokós* significa que você é tão pobre, que precisa mendigar. *Penês* significa que você pode sustentar-se.[19] *Ptokós* é a palavra que Jesus usou. Feliz é o homem que reconhece sua total carência e coloca a sua confiança em Deus. No hebraico, a palavra "pobre" designava o homem humilde que põe toda sua confiança em Deus.[20] Feliz é o homem que reconhece que o dinheiro, o poder e a força não significam nada, mas Deus significa tudo. Feliz é o homem que sabe que Deus é o único que pode oferecer-lhe ajuda, esperança e fortaleza. Ele sabe que as coisas nada significam, mas Deus significa tudo para ele.[21]

John MacArthur está correto quando diz que esta bem-aventurança é destinada aos pobres de *espírito*. Ela faz reverência à pessoa interior, não ao corpo. O homem está mendigando no seu interior, não necessariamente na aparência.[22] Trata-se daquela pessoa aflita e abatida de espírito que treme diante da Palavra de Deus (Is 66.2). Antes de sua conversão, Agostinho de Hipona, a maior expressão da igreja ocidental entre Paulo e os reformadores, se orgulhava tanto de sua inteligência, que dizia que ela o impedia de crer. Só depois de se esvaziar de seu orgulho, ele conheceu a Deus e se rendeu ao Senhor. De igual forma, Martinho Lutero, o monge agostiniano, quando jovem, entrou para um monastério a fim de conquistar a salvação por meio de sua piedade, mas, só

---

[18] RIENECKER, Fritz e ROGERS, Cleon. Chave lingüística do Novo Testamento Grego. São Paulo: Vida Nova, 1985, p. 9.

[19] MacARTHUR Jr., John. O caminho da felicidade, p. 53.

[20] BARCLAY, William. Mateo I, p. 99.

[21] BARCLAY, William. Mateo I, p. 100.

[22] MacARTHUR Jr., John. O caminho da felicidade, p. 54.

24 A FELICIDADE AO SEU ALCANCE

depois que se esvaziou de sua vã confiança em si mesmo, correu para os braços de Jesus a fim de receber a salvação.[23] Martyn Lloyd-Jones é enfático, quando escreve:

> Não estamos aqui considerando um homem face a face com outro, mas considerando homens frente a frente com Deus. E se alguém, na presença de Deus, sentir alguma outra coisa qualquer, além da mais total penúria de espírito, isso apenas significará, em última análise, que tal pessoa nunca esteve na presença do Senhor. Esse é o significado da primeira bem-aventurança.[24]

John Stott diz que ser pobre de espírito é reconhecer a nossa pobreza espiritual ou, falando claramente, a nossa falência espiritual diante de Deus, pois somos pecadores, sob a santa ira de Deus, e nada merecemos além do juízo de Deus. Nada temos que oferecer, nada que reivindicar, nada com que comprar o favor dos céus.[25] John Charles Ryle diz que os humildes de espírito são aqueles que estão convencidos dos seus pecados e não procuram ocultá-los de Deus.[26]

Ser pobre de espírito é agir como o publicano: "Senhor, compadece-te de mim, um pecador". João Calvino disse: "Só aquele que, em si mesmo, foi reduzido a nada, e repousa na misericórdia de Deus, é pobre de espírito". Moisés disse: "Senhor, quem sou eu, eu não sei falar". O profeta Isaías clamou: "Ai de mim, estou perdido...". O apóstolo Pedro gritou: "Senhor, afasta-te de mim,

---

[23] MacARTHUR Jr., John. O caminho da felicidade, p. 56,57.

[24] LLOYD-JONES, Martyn. Estudos no Sermão do Monte, p. 40.

[25] STOTT, John R. W. Contracultura cristã – a mensagem do Sermão do Monte, p. 28.

[26] RYLE, John Charles. Comentário expositivo do Evangelho Segundo Mateus. São Paulo: Imprensa Metodista, 1959, p. 23.

A FELICIDADE DOS HUMILDES DE ESPÍRITO 25

porque sou pecador". O apóstolo Paulo clamou: "Miserável homem que eu sou". Ser pobre de espírito é expor suas feridas ao óleo do divino médico. Se uma pessoa não é pobre de espírito, não acha sabor no pão do céu, não sente sede da água da vida; ela pisará nas riquezas da graça e jamais desejará a redenção ou terá prazer na santificação.

Em terceiro lugar, *por que devemos ser pobres de espírito?* Ser pobre de espírito é a jóia que o cristão deve usar. Primeiro, o homem se torna pobre de espírito, depois Deus o enche com Sua graça. Destacamos três pontos:

Enquanto você não for pobre de espírito, jamais Cristo será precioso para você. Enquanto não enxergarmos nossa própria miséria, jamais veremos a riqueza que temos em Cristo. Enquanto você não perceber que está perdido, jamais buscará refúgio em Cristo. Enquanto não perceber a feiúra do seu pecado, jamais desejará o perdão e a graça de Cristo. A lei precede a graça e nos conduz a ela. Primeiro somos todos encerrados no pecado, depois ouvimos a doce voz do perdão por meio de Cristo.

Enquanto você não for pobre de espírito, não estará pronto para receber a graça de Deus. Aqueles que abrigam sentimentos de auto-suficiência e se sentem saciados jamais terão sede de Deus. Aqueles que se sentem cheios de si mesmos jamais poderão ser cheios de Deus. Aqueles que pensam que estão sãos jamais buscarão o Médico. Aqueles que pensam que têm méritos jamais desejarão ser cobertos pela justiça de Cristo. O evangelho é para pecadores. As boas novas de salvação só podem ser iguarias apetitosas para os famintos. Só anelaremos as riquezas de Deus depois de constatarmos nossa absoluta pobreza.

Enquanto você não for pobre de espírito, não poderá ir para o céu. O Reino de Deus pertence aos pobres de espírito. A porta do céu é estreita e aqueles que se consideram grandes aos seus próprios olhos não podem entrar lá. John Stott coloca esse princípio com clareza:

26 A FELICIDADE AO SEU ALCANCE

O reino é concedido ao pobre, não ao rico; ao frágil, não ao poderoso; às criancinhas bastante humildes para aceitá-lo, não aos soldados que se vangloriam de poder obtê-lo através de sua própria bravura. Nos tempos de nosso Senhor, quem entrou no reino não foram os fariseus, que se consideravam ricos, tão ricos em méritos, que agradeciam a Deus por seus predicados; nem os zelotes, que sonhavam com o estabelecimento do reino com sangue e espada; mas foram os publicanos e as prostitutas, o refugo da sociedade humana, que sabiam que eram tão pobres, que nada tinham para oferecer nem para receber. Tudo o que podiam fazer era clamar pela misericórdia de Deus; e ele ouviu o seu clamor.[27]

Em quarto lugar, *como podemos saber que somos pobres de espírito?* Podemos fazer essa sondagem de três formas:
Quando toda a base da nossa aceitação por Deus está nos méritos de Cristo. Uma pessoa pobre de espírito não tem nada que exigir, merecer, reclamar. Ela se vê desamparada até refugiar-se em Cristo. Não tem descanso para a alma até estar firmada na rocha que é Cristo. Não busca nenhum outro tesouro ou experiência além de Cristo. Está plenamente satisfeita com Cristo.
Quando o nosso coração está desprovido de toda a vaidade. Jó, mesmo sendo um homem piedoso, que se desviava do mal, suportou provas tremendas sem negociar sua fidelidade a Deus. Ele disse: "Por isso, me abomino e me arrependo no pó e na cinza" (Jó 42.6). Quanto mais graça você recebe, mais humilde se torna, porque mais devedor se reconhece.
Quando o nosso coração anseia e clama mais por Deus em oração. Um homem pobre está sempre pedindo como Moisés.

---

[27] STOTT, John R. W. Contracultura cristã – a mensagem do Sermão do Monte, p. 29.

A FELICIDADE DOS HUMILDES DE ESPÍRITO 27

Ele sempre quer mais de Deus. Está sempre batendo no portal da graça. Está sempre derramando suas lágrimas no altar.

A verdadeira felicidade é uma recompensa para o presente e para o futuro

Humildade e grandeza sempre andam juntas.[28] Os humildes herdam o Reino dos céus. A verdadeira felicidade deve ser desfrutada no tempo e na eternidade, na terra e no céu. Vejamos dois pontos:

Em primeiro lugar, *a felicidade do Reino de Deus é algo presente e não apenas futuro*. Jesus disse: "Bem aventurados os pobres de espírito, porque deles é o Reino dos céus" (Mt 5.3). Ele não disse "porque deles *será* o Reino dos céus". A felicidade cristã não é para ser desfrutada apenas no céu, mas agora, a caminho do céu. Concordo com John MacArhur quando ele afirmou que o reino é graça e glória. Graça agora, glória no futuro.[29] O povo de Deus deve ser o povo mais feliz da terra. "Feliz és tu, ó Israel! Quem é como tu? Povo salvo pelo Senhor, escudo que te socorre, espada que te dá alteza" (Dt 33.29). William Barclay diz que a bem-aventurança que o cristão recebe não é uma bem-aventurança posposta para um estado futuro de glória celestial, mas algo que existe aqui e agora. Não é algo apenas que o cristão receberá, mas algo que ele já recebeu.[30]

A pobreza de espírito está conectada com a posse de um Reino mais glorioso do que todos os tronos da terra. A pobreza de espírito é o pórtico do templo de todas as demais bênçãos.

---

[28] HASTINGS, James. The greats texts of the Bible – St. Matthew, p. 79.

[29] MacARTHUR Jr., John. O caminho da felicidade, p. 59.

[30] BARCLAY, William. Mateo I. Vol. 1. Editorial La Aurora. Buenos Aires, 1973, p. 96.

28 A FELICIDADE AO SEU ALCANCE

A palavra grega *makárioi*, "bem-aventurados", descreve uma alegria e felicidade permanentes, que não sofrem variações. William Barclay diz que *makários* descreve um gozo auto-suficiente, que possui em si mesmo o segredo de sua própria irradiação, esse gozo sereno, intocável e autônomo que não é afetado nem destruído pelas diferentes circunstâncias da vida.[31] Jesus disse: "A vossa alegria ninguém poderá tirar" (Jo 16.22). É a felicidade que existe na dor, na perda, na doença, no luto. É o gozo que brilha através das lágrimas e que nada, nem a vida nem a morte, pode tirar. A expressão "bem-aventurados" vem do latim *beatus*, de onde se origina o termo *beatitude*. Warren Wiersbe diz que essa palavra tinha significado muito forte para os que ouviam Jesus, pois expressava a idéia de "alegria divina e perfeita". Essa bem-aventurança sugeria satisfação e suficiência interiores que não dependiam das circunstâncias externas para ter alegria.[32]

Entramos no Reino, e o Reino entrou em nós (Lc 17.21). Estamos no mundo, mas não somos do mundo. Nascemos de cima, do alto, do Espírito. Estamos em Vitória, Belo Horizonte, São Paulo ou alhures, mas estamos também em Cristo. Estamos aqui, mas estamos também concomitantemente assentados nas regiões celestiais em Cristo. Enfrentamos lutas, mas já estamos abençoados com toda sorte de bênçãos em Cristo. O crente tem dois endereços: um terra e outro no reino espiritual. Geografi-camente, ele está em algum ponto da terra; espiritualmente, ele está em Cristo.

Em segundo lugar, *a nossa felicidade será completa quando to-marmos posse definitiva do Reino no futuro*. Os salvos não apenas vão entrar na posse do Reino, mas reinarão com o Rei da glória.

---

[31] BARCLAY, William. Mateo I, p. 97.

[32] WIERSBE, Warren W. Comentário bíblico expositivo, p. 23.

A FELICIDADE DOS HUMILDES DE ESPÍRITO 29

Estaremos não apenas no céu, mas também nos tronos. Teremos uma coroa e vestes reais, e receberemos um trono (Ap 3.21). O Reino dos céus excede ao esplendor dos maiores reinos do mundo, porque o fundador desse Reino é o próprio Deus. Esse Reino é mais rico do que todas as riquezas de todos os reinos. Tudo o que é do Pai é nosso. Somos os herdeiros de todas as coisas. O Reino dos céus também excede todos os demais em perfeição. As glórias de Salomão nada serão. As glórias dos palácios dos xeques árabes serão palhoças. O Reino dos céus excede também todos os outros reinos em segurança, beleza e riqueza. Nada contaminado entrará lá, nenhuma maldição atravessará os portões da Cidade Santa. O Reino dos céus excede todos os outros reinos em estabilidade. Os reinos do mundo caíram e cairão, mas o Reino de Deus permanecerá para sempre. O crente mais pobre é mais rico do que os reis mais opulentos da terra. Temos nós andado de modo digno desse Reino?

Capítulo 2

A FELICIDADE DOS QUE CHORAM

(MT 5.4)

ESTA BEM-AVENTURANÇA CONTÉM o maior paradoxo do cristianismo. Poderíamos traduzir como "Felizes são os infelizes".[33] A concepção de que "felizes são os tristes" opõe-se a tudo o que sabemos. Toda a estrutura de nossa vida – a loucura pelo prazer, a busca de emoções, e o tempo, dinheiro e entusiasmo gastos em diversão e passatempo – é uma expressão do desejo do mundo de evitar o choro, a tristeza e a dor. No entanto, Jesus diz: "Felizes os tristes. Consolados serão os que choram".[34]

A principal idéia do texto é: bem-aventurado o homem que está desesperadamente entristecido de seu próprio pecado e indignidade.[35] Que espécie de tristeza é esta que pode produzir a maior felicidade?

---

[33] STOTT, John R. W. Contracultura cristã – a mensagem do Sermão do Monte, p. 30.

[34] MacARTHUR Jr., John. O caminho da felicidade, p. 63.

[35] BARCLAY, William. Mateo I, p. 103.

32 A FELICIDADE AO SEU ALCANCE

A palavra usada por Jesus para "chorar", *panthoutes*, significa lamentar e prantear pelos mortos. Essa palavra tem o sentido de entristecer-se com uma profunda tristeza que toma conta de todo o ser de tal maneira que não pode se ocultar.[36] Martyn Lloyd-Jones diz que esta bem-aventurança condena a zombaria, aquela jovialidade e felicidade aparente que os homens deste mundo exibem, proferindo um "ai" contra os mesmos.[37]

A palavra "chorar", segundo William Barclay, é o termo mais forte da língua grega para denotar dor e sofrimento. Essa é a palavra usada para referir-se à morte de um ente querido. Na Septuaginta é a palavra que descreve o lamento de Jacó quando creu que José, seu filho, estava morto (Gn 37.34). Não se trata apenas da dor que faz doer o coração, mas da dor que nos faz chorar.[38] John MacArthur diz que a expressão "os que choram" que Jesus usou nesta bem-aventurança é a mais forte de todas as nove palavras gregas usadas nas Escrituras para sofrimento.[39] Concordo com John Stott quando ele afirma que, no contexto, aqueles que receberam a promessa do consolo não são, em primeiro lugar, os que choram a perda de uma pessoa querida, mas aqueles que choram a perda da inocência, de sua justiça, de seu respeito próprio. Cristo não se refere à tristeza do luto, mas à tristeza do arrependimento.[40]

Nem todos os que choram são felizes e nem todos os que choram serão consolados. Então, de que tipo de choro Jesus

---

[36] RIENECKER, Fritz e ROGERS, Cleon. Chave lingüística do Novo Testamento Grego, p. 9.

[37] LLOYD-JONES, Martyn. Estudos no Sermão do Monte, p. 48.

[38] BARCLAY, William. Mateo I, p. 101.

[39] MacARTHUR Jr., John. O caminho da felicidade, p. 69.

[40] STOTT, John R. W. Contracultura cristã – a mensagem do Sermão do Monte, p. 30.

A FELICIDADE DOS QUE CHORAM 33

está falando? Choramos por várias razões: choramos pelo luto, choramos pela dor física, choramos por decepção, desespero, desesperança, saudade, compaixão, solidão, depressão, amor. O salmista derramou lágrimas de solidão. Timóteo derramou lágrimas de desânimo. Jeremias derramou lágrimas de decepção. Paulo derramou lágrimas de preocupação.[41] Mas de que tipo de choro Jesus está tratando nesta bem-aventurança?

Nesta bem-aventurança, Jesus trata de duas coisas: 1) Uma declaração: Felizes são os que choram. 2) Uma promessa: Esses serão consolados.

O que esse choro não significa?

Destacamos quatro aspectos negativos, relativos ao que esse choro *não* significa:

Em primeiro lugar, *não é o choro carnal*. Thomas Watson diz que o choro carnal é aquele por meio do qual uma pessoa lamenta a perda de coisas exteriores e não a perda da pureza.[42] A tristeza do mundo produz morte (2Co 7.10). Amnom chorou de tristeza até possuir sua própria irmã, para depois desprezá-la (2Sm 13.2). Acabe chorou por não ter a vinha de Nabote, a qual cobiçava (1Rs 21.4). Faraó chorou por ter feito o bem, por ter libertado o povo. Ele se arrependeu de seu arrependimento (Êx 14.5).

Em segundo lugar, *não é o choro do remorso e do desespero*. Esse foi o choro de Judas Iscariotes. Ele reconheceu seu pecado e se entristeceu. Ele confessou seu pecado e se justificou pelo que fizera a Cristo, dizendo que havia traído um inocente. Judas fez restituição, mas está no inferno, não obstante ter feito muito mais do que muitos fazem hoje. Ele confessou seu pecado. Ele

---

[41] MacARTHUR Jr., John. O caminho da felicidade, p. 65.

[42] WATSON, Thomas. The beatitudes, p. 59.

34 A FELICIDADE AO SEU ALCANCE

devolveu o dinheiro que cobiçou. Sua consciência o acusou de ter adquirido aquele dinheiro de forma vil. No entanto, embora Judas tenha chorado pelo seu pecado, aquelas não foram lágrimas de arrependimento, senão de remorso. Thomas Watson chama esse choro de diabólico.[43]

Em terceiro lugar, *não é o choro do medo das conseqüências do pecado*. Quando Caim matou seu irmão, Abel, Deus o confrontou. Caim então disse: "É tamanho o meu castigo, que já não posso suportá-lo" (Gn 4.13). Seu castigo afligiu-o mais do que o seu pecado. Chorar apenas pelo medo do castigo, apenas pelo medo do inferno, é como o ladrão que chora porque foi apanhado, e não por causa da sua ofensa. As lágrimas do ímpio são forçadas pelo fogo da aflição, não pela dor do arrependimento.

Em quarto lugar, *não é o choro apenas externo e teatral*. Jesus diz que os fariseus "mostram-se contristados e desfiguram a face com o fim de parecer aos homens que jejuam" (Mt 6.16). Os olhos estão molhados, mas o coração está seco. Os olhos estão umedecidos, mas o coração permanece duro. Quando Acabe soube do juízo de Deus sobre si e seu reino, rasgou as vestes e vestiu-se com pano de saco (1Rs 21.27). Suas vestes estavam rasgadas, mas não seu coração. Ele se vestia de pano de saco, mas não havia choro pelo pecado. A ordem de Deus é: "Rasgai os vossos corações e não apenas as vossas vestes" (Jl 2.13).

O que esse choro significa

John Charles Ryle interpreta corretamente quando diz que felizes são aqueles que lamentam a causa do seu pecado e manifestam pesar pelas suas próprias imperfeições. O pecado é para

---

[43] WATSON, Thomas. The beatitudes, p. 59.

A FELICIDADE DOS QUE CHORAM 35

eles verdadeira tortura. Quando se lembram dele, choram; o pecado é para eles carga mui pesada, e dificilmente o suportam.[44] Thomas Watson fala sobre quatro aspectos positivos da expressão de Jesus: "Bem-aventurados os que choram" (Mt 5.4): É um choro espontâneo, espiritual, pelo nosso próprio pecado e pelo pecado dos outros.[45]

Em primeiro lugar, *deve ser um choro espontâneo.* A mulher pecadora revelou um arrependimento espontâneo e voluntário. Ela lavou os pés de Jesus com suas lágrimas. Veio com ungüento em suas mãos, amor em seu coração e lágrimas em seus olhos[46] (Lc 7.36-50). Pedro, depois de negar a Jesus com juramentos e praguejamentos, ao ser confrontado por Seu olhar compassivo, desatou a chorar e chorou amargamente. Agostinho de Hipona, aos 32 anos de idade, depois de viver na devassidão, converteu-se a Cristo com abundantes lágrimas. O apóstolo Paulo diz que "a tristeza segundo Deus produz arrependimento para a salvação, que a ninguém traz pesar; mas a tristeza do mundo produz morte" (2Co 7.10). É a tristeza pelo pecado que desemboca na felicidade verdadeira!

Em segundo lugar, *deve ser um choro espiritual.* É o choro pelo pecado e não apenas pelas conseqüências do pecado. Faraó pediu para tirar as pragas do Egito, mas jamais desejou tirar as pragas do seu coração.[47] De forma totalmente diferente, quando Deus confrontou Davi, ele se arrependeu e chorou pelo pecado, mais do que pelas conseqüências do pecado. Ele disse: "...o meu pecado está sempre diante de mim" (Sl 51.3). Ele não disse: "A espada está

---

[44] RYLE, John Charles. Comentário expositivo do Evangelho Segundo Mateus, p. 23.

[45] WATSON, Thomas. The beatitudes, p. 62-69.

[46] WATSON, Thomas. The beatitudes, p. 62.

[47] WATSON, Thomas. The beatitudes, p. 62.

36 A FELICIDADE AO SEU ALCANCE

sempre diante de mim" ou "O castigo está sempre diante de mim". A ofensa contra Deus feriu-o mais do que o juízo de Deus sobre o seu pecado. O pecado é contrário à natureza de Deus, uma vez que Ele é santo, e o pecado é uma coisa imunda. O pecado é uma rebelião contra Deus e uma consumada ingratidão contra Ele. Deus nos enviou Seu Filho para redimir-nos do pecado e Seu Espírito para confortar-nos. Nós pecamos contra o sangue de Cristo, contra a graça do Espírito, e não deveríamos chorar? O pecado contra o amor de Deus é pior do que o pecado dos demônios, porque a eles jamais foi oferecida a graça.[48] Entretanto, nós caímos e nos foi oferecida graça, e ainda pecamos contra ela? Pecamos contra aquele que morreu por nós? Pecamos contra aquele que habita em nós? Thomas Watson diz que o pecado faz o homem pior do que uma serpente. A serpente só tem dentro de si aquilo que Deus colocou dentro dela. O veneno da serpente é medicinal; mas o pecador tem dentro de si aquilo que o diabo colocou dentro dele. Pedro perguntou a Ananias: "Ananias, por que Satanás encheu o seu coração para mentir ao Espírito Santo?" (At 5.3).[49]

O pecado é o pior de todos os males. Ele é pior do que a pobreza, do que a doença, do que a solidão e do que a própria morte. Esses males, por mais desastrosos, não podem privar-nos da graça de Deus nem nos impedir de entrar no céu; mas o pecado nos separa de Deus agora e nos lança fora de Sua presença por toda a eternidade. O pecado nos priva das coisas mais excelentes. O pecado nos priva do maior bem, a comunhão com Deus (Is 59.2). Quando pecamos, não apenas a paz vai embora, mas Deus também vai embora. Não há comunhão entre as trevas e a luz. Quando choramos pelo pecado, ansiamos não apenas pela volta das bênçãos, mas pela volta de Deus (Êx 33.12-23). Devemos não

---

[48] WATSON, Thomas. The beatitudes, p. 63.

[49] WATSON, Thomas. The beatitudes, p. 60

A FELICIDADE DOS QUE CHORAM 37

apenas chorar, mas voltar-nos para Deus com choro (Jl 2.12). As lágrimas do arrependimento são como as águas do Jordão: elas nos purificam da nossa lepra (2Rs 5.10). Devemos chorar não apenas para nos abster do pecado, mas para odiar o pecado.[50] Em terceiro lugar, *deve ser um choro pelo nosso próprio pecado*. Feliz é aquele que chora pelo próprio pecado. Temos em nós todas as sementes daqueles pecados que condenam as pessoas ao inferno. Aquele que não chora pelos seus pecados perdeu completamente a razão. Será que Esdras errou quando confessava, "chorando prostrado diante da Casa de Deus"? (Ed 10.1). Será que Paulo errou ao gemer: "Desventurado homem que sou! Quem me livrará do corpo desta morte?" (Rm 7.24). Há pouco choro pelo pecado em nós e entre nós. No dia 18/10/1740, David Brainerd escreveu em seu diário: "Em minhas devoções matinais minha alma desfez-se em lágrimas, e chorei amargamente por causa da minha extrema maldade e vileza". John Stott diz que na verdade existem lágrimas cristãs e são poucos os que as vertem, pois uma coisa é ser pobre de espírito e outra coisa é chorar por causa disso. Ou, em uma linguagem mais teológica, confissão é uma coisa, contrição é outra.[51]

O choro pelo pecado deve ser intenso. A palavra que Jesus usou é a mais intensa para o sofrimento. Como já vimos, é a mesma palavra da dor do luto por quem amamos. Foi a palavra usada para o choro de Jacó por José. Pedro chorou amargamente depois de negar a Jesus. Esse deve ser o lamento pelo pecado dentro da igreja.

Hoje nós choramos pelos tempos difíceis, mas não pelos corações duros. Muitos, em vez de chorar pelo pecado, alegram-se

---

[50] WATSON, Thomas. The beatitudes, p. 65.

[51] STOTT, John R. W. Contracultura cristã – a mensagem do Sermão do Monte, p. 30.

38 A FELICIDADE AO SEU ALCANCE

nele. A Bíblia fala daqueles que se alegram em fazer o mal (Pv 2.14), daqueles que se deleitam na injustiça (2Ts 2.12). Esses são piores do que os condenados que estão no inferno. Os ímpios no inferno não se deleitam mais no pecado. Ora, se Cristo verteu o Seu sangue pelo pecado, nós nos alegraremos nele? O choro pelo pecado é o único caminho para nos livrar da ira vindoura.

Em quarto lugar, *deve ser um choro pelo pecado dos outros*. Davi chorou pelos pecados daqueles que desobedeciam a Deus: "Torrentes de água nascem dos meus olhos, porque os homens não guardam a tua lei" (Sl 119.136). Jeremias chorou a terrível condição de Jerusalém sendo destruída. Neemias chorou ao saber do estado de opróbrio em que se encontrava a cidade do sepulcro de seus pais. Jesus chorou sobre a cidade impenitente de Jerusalém. Paulo disse: "Pois muitos andam entre nós [...] e agora vos digo até chorando, que são inimigos da cruz de Cristo" (Fp 3.18).

Devemos chorar pelas blasfêmias da nação. Pela profanação do nome de Deus, pela remoção dos marcos e dos absolutos. Devemos chorar pela escassez dos que choram. Devemos chorar pela frieza da igreja. Devemos chorar pela falta de choro entre nós. Devemos chorar pelo pecado na igreja (1Co 5.2). Devemos chorar por causa dos escândalos que afastam as pessoas de Deus e do evangelho.[52]

Quais são os motivos para esse choro?

Thomas Watson escreve sobre alguns motivos que devem levar-nos às lágrimas. Destacamos seis desses motivos pelos quais devemos chorar:

Em primeiro lugar, *o choro pelo pecado é o melhor uso das lágrimas*. Se você chorar apenas por perdas de coisas materiais,

---

[52] WATSON, Thomas. The beatitudes, p. 69.

A FELICIDADE DOS QUE CHORAM   39

desperdiçará suas lágrimas. Isso é como chuva sobre a rocha, não tem benefício. O choro do arrependimento, porém, é composto de lágrimas bem-aventuradas, de lágrimas que curam e libertam.[53] Em segundo lugar, *o choro pelo pecado é uma evidência da graça de Deus*. O choro pelo pecado é um sinal do novo nascimento. Assim como a criança chora ao nascer, aquele que nasce de novo também chora ao pecar.[54] Um coração de pedra jamais se derrete em lágrimas de arrependimento. Só um coração de carne é sensível à voz de Deus. Aqueles que nascem do Espírito, que têm um coração quebrantado, têm também tristeza pelo pecado.

Em terceiro lugar, *o choro pelo pecado é precioso*. Podemos afirmar que, quando a mulher pecadora lavou os pés de Jesus com suas lágrimas e enxugou-os com os seus cabelos, suas lágrimas foram um ungüento mais precioso do que o melhor perfume. A Bíblia diz que há alegria no céu por um pecador que se arrepende (Lc 15.7). As lágrimas clamam com eloqüência pela misericórdia. Jacó orou e chorou e prevaleceu com Deus e com os homens (Os 12.4). As lágrimas derretem o próprio coração de Deus.

Em quarto lugar, *o choro pelo pecado produz alegria*. O choro pelo pecado é o caminho da verdadeira alegria. Davi, o homem de lágrimas, foi também o mais doce cantor de Israel. "Minhas lágrimas foram o meu alimento" (Sl 42.3). As lágrimas do penitente são mais doces do que todas as alegrias mundanas. Quando Ana chorou diante de Deus, ela voltou para casa com um brilho no rosto e com a vitória de Deus em sua vida (1Sm 1.10-18).

Em quinto lugar, *o choro pelo pecado agora previne o choro no inferno depois*. O inferno é um lugar de choro e ranger de dentes (Mt 8.12). Agora Deus recolhe as nossas lágrimas no seu odre (Sl 56.8). Jesus diz: "Ai de vós, os que agora rides! Porque haveis

---

[53] WATSON, Thomas. The beatitudes, p. 75.
[54] WATSON, Thomas. The beatitudes, p. 75.

40 A FELICIDADE AO SEU ALCANCE

de lamentar e chorar" (Lc 6.25). Agora as lágrimas são bem-aventuradas lágrimas. Agora é o tempo certo de chorar pelo pecado. Agora o choro é como chuva da primavera. Se não chorarmos agora, vamos chorar tarde demais! É melhor derramar lágrimas de arrependimento do que lágrimas de desespero. Aquele que chora agora é bem-aventurado. Aquele que chora no inferno é amaldiçoado. Aquele que destampa as feridas da alma e chora pelo pecado livra a alma da morte eterna.

O choro pelo pecado pavimenta a estrada para a Nova Jerusalém. Para entrar no céu, não basta ir à igreja, dar esmolas, fazer caridade. O único caminho é você chorar pelos seus pecados e receber a consolação da graça em Cristo. Jesus disse: "Se, porém, não vos arrependerdes, todos igualmente perecereis" (Lc 13.3). Só há um remédio que cura a doença mortal da alma: o verdadeiro arrependimento.

Em sexto lugar, *o choro pelo pecado é passageiro*. Depois de um tempo de choro, haverá consolo perpétuo. No céu, o odre de Deus contendo as nossas lágrimas será completamente esvaziado. Deus enxugará dos nossos olhos toda a lágrima (Ap 7.17; 21.4). Quando o pecado cessar, as lágrimas também cessarão. "O choro pode durar a noite inteira, mas a alegria vem pela manhã" (Sl 30.5).

O que endurece o coração e congela as lágrimas?

É melhor estar na casa do luto do que na casa de festa. Há aqueles que deveriam estar chorando e não festejando. O rei Belsazar pereceu na mesma noite em que festejava com seus convidados. Os filisteus ofereciam louvores a Dagom ao mesmo tempo que escarneciam de Sansão e de seu Deus, quando veio o juízo do céu sobre eles. Jesus disse para as mulheres de Jerusalém: "Filhas de Jerusalém, não choreis por mim, antes chorai por vós

A FELICIDADE DOS QUE CHORAM 41

mesmas e por vossos filhos" (Lc 23.28). O que pode endurecer o coração e congelar as lágrimas? John MacArthur fala sobre cinco sentimentos que podem endurecer o coração: desespero, soberba, presunção, procrastinação e frivolidade.[55] Contudo, aqui focaremos quatro.

Em primeiro lugar, *o amor ao pecado*. O amor ao pecado torna o pecado saboroso e endurece o coração. Jerônimo disse que amar o pecado é pior do que praticá-lo. Uma pessoa pode ser surpreendida na prática do pecado inadvertidamente (Gl 6.1). Como você pode entristecer-se pelo pecado, se você o ama? Tenha cuidado com a doçura do veneno.[56] O amor ao pecado mantém você longe da graça. O pecado é maligno. Há a semente da morte e do inferno em todo o pecado. O salário do pecado é a morte. Amar o pecado é amar a morte e o inferno.

Em segundo lugar, *o desespero pelo pecado*. O desespero afronta a Deus, subestima o sangue de Cristo, rejeita a graça e destrói a alma.[57] O desespero diz para você: Não há mais jeito, não há mais saída, não há mais esperança. O desespero é fruto do seu coração enganoso e da mentira do Diabo. O desespero apresenta Deus como um juiz carrasco. O desespero de Judas foi pior do que o seu pecado de traição. O desespero fecha a porta da misericórdia e destrói o arrependimento, o único fundamento da misericórdia. A Bíblia diz que é a bondade de Deus que nos conduz ao arrependimento (Rm 2.4).

Em terceiro lugar, *a presunção da misericórdia*. Muitos não choram pelo pecado agora, porque estão falsamente confiando na misericórdia de Deus no dia do juízo. É um profundo engano você repousar na misericórdia de Deus enquanto permanece

---

[55] MacARTHUR Jr., John. O caminho da felicidade, p. 76,77.

[56] WATSON, Thomas. The beatitudes, p. 81.

[57] WATSON, Thomas. The beatitudes, p. 81.

42 A FELICIDADE AO SEU ALCANCE

nos seus pecados. A Bíblia diz: "Deixe o perverso o seu caminho, o iníquo os seus pensamentos; converta-se ao Senhor, que se compadecerá dele, e volte-se para o nosso Deus, porque é rico em perdoar" (Is 55.7). Muitos pensam que Deus se esqueceu do juízo e perguntam: "Onde está o Deus do juízo?" (2Pe 3.9). Ah! Dia do juízo! Deus julgará suas palavras, suas obras, sua omissão e seus pensamentos! Você vai querer fugir da ira de Deus! Você já pensou na possibilidade de Deus dizer para você: Basta! Chega!? É só mais um pecado, e será o seu fim! É um terrível perigo abusar da paciência de Deus. Não há misericórdia sem abandono do pecado, e não há abandono do pecado sem choro pelo pecado.

Em quarto lugar, *a procrastinação no pecado*. Jesus disse que aquele que não crê no Filho não verá a vida, mas sobre ele permanece a ira de Deus (Jo 3.36). Você acha cedo demais para deixar o pecado, mesmo estando sob a ira de Deus? Você acha cedo demais para chorar pelo pecado, mesmo estando sob a potestade de Satanás (At 26.18)? Você deixará para o fim, para o leito da enfermidade, o chorar pelos seus pecados? Você não sabe que é a bondade de Deus que nos conduz ao arrependimento? Ouça o que Deus lhe diz agora: "Se hoje ouvirdes a minha voz, não endureçais o vosso coração" (Hb 3.7,8).

A recompensa do choro

A palavra grega *paraklethesontai*, "consolados", significa confortar, achar conforto, ser consolado.[58] John MacArthur está correto quando diz que a felicidade não provém do choro; provém da resposta de Deus para ele. Apenas os que choram por seus pecados sabem o que é ter suas lágrimas enxugadas pela

---

[58] RIENECKER, Fritz e ROGERS, Cleon. Chave lingüística do Novo Testamento Grego, p. 9.

A FELICIDADE DOS QUE CHORAM 43

amável mão de Jesus Cristo. Davi derramou lágrimas de solidão, rejeição, frustração, abatimento, decepção e fracasso. Provou essas lágrimas ilícitas provenientes de sua própria culpa quando tentou expiar seu próprio pecado. Contudo, nada partiu mais o coração de Davi do que seu próprio pecado. Então Deus o consolou, e Davi disse: "Bem-aventurado aquele cuja iniqüidade é perdoada" (Sl 32.1).[59] Thomas Watson fala sobre o consolo divino para aqueles que choram pelos seus pecados.[60] Destacamos três pontos comentados por ele:

Em primeiro lugar, *o choro precede o conforto, assim como a limpeza da ferida precede a cura.* Deus guarda o seu melhor vinho para o fim. O Diabo faz o contrário. Ele mostra o melhor primeiro e guarda o pior para o fim. Primeiro ele mostra o vinho resplandecente no copo, depois o vinho morde como uma serpente (Pv 23.31,32). O Diabo mostra o pecado como atrativo, colorido, gostoso, doce ao paladar, e só no fim revela a tragédia que ele provoca. O Diabo mostrou a Judas o valor das trinta moedas de prata, o preço de um campo. Ele mostrou a isca, depois o fisgou com o anzol. Primeiro, ele mostra a coroa de ouro, depois mostra os dentes de leão (Ap 9.7,8). Deus, porém, mostra o pior primeiro. Deus primeiro prescreve o choro; depois promete: "Sereis consolados!".[61] John MacArthur esclarece esse ponto com aguda pertinência:

Não posso imaginar que haja mensagem mais maravilhosa para a igreja, atualmente, do que começar a chorar em vez de rir. Meu coração sofre ao ver a frivolidade e a insensatez que há em nome do cristianismo. Ninguém chega ao Reino de Deus sem se

---

[59] MacARTHUR Jr., John. O caminho da felicidade, p. 70,71.
[60] WATSON, Thomas. The beatitudes, p. 89-104.
[61] WATSON, Thomas. The beatitudes, p. 89.

44 A FELICIDADE AO SEU ALCANCE

entristecer com o seu próprio pecado. Você não terá certeza de que é um verdadeiro cristão a menos que haja o mesmo sentimento de tristeza pelo pecado em sua vida.[62]

Em segundo lugar, *as lágrimas do arrependimento não são lágrimas perdidas, mas sementes do conforto.* Aquele que sai andando e chorando enquanto semeia, voltará com júbilo trazendo os seus feixes (Sl 126.6). Cristo tem o óleo da alegria para derramar sobre aqueles que choram. Cristo transforma o odre de lágrimas em vinho novo de alegria. O choro pelo pecado é a semente que produz a flor da eterna alegria. O vale de lágrimas conduz-nos ao paraíso da alegria. Jesus disse: "A vossa tristeza se converterá em alegria" (Jo 16.20). O conforto que Deus dá é fundamentado em profunda convicção (Jo 16.7,8). Ele é puro, doce, santo, abundante, glorioso. Pedro fala da alegria indizível e cheia de glória (1Pe 1.8). O conforto que Jesus promete é poderoso. A alegria do Senhor é a nossa força (Ne 8.10). Esse conforto floresce até no meio da aflição. Os crentes de Tessalônica receberam a Palavra no meio de muita aflição, com alegria (1Ts 1.6). Esse conforto faz você gloriar-se nas próprias tribulações (Rm 5.3). Esse é um conforto imortal.

Em terceiro lugar, *a natureza do conforto que teremos no céu.* A Bíblia diz que na presença de Deus há plenitude de alegria (Sl 16.11). Haverá um dia em que os salvos estarão vivendo no novo céu e na nova terra, onde da praça da cidade corre o rio da vida, onde está o trono de Deus, onde Deus enxugará dos nossos olhos toda a lágrima. A Bíblia descreve esse conforto dos salvos no céu como uma festa, a festa das bodas do Cordeiro, onde vamos descansar das nossas fadigas (Ap 14.13). Como a Bíblia descreve essa festa? Thomas Watson nos dá uma bela descrição, como segue:[63]

---

[62] MacARTHUR Jr., John. O caminho da felicidade, p. 71.
[63] WATSON, Thomas. The beatitudes, p. 101-104.

O dono desta festa é Deus. Esta festa é a festa das bodas do Filho do Rei. Será uma festa magnificente e gloriosa. O Reino de Deus é comparado às festas das bodas do Filho do Rei (Mt 22.2).

Esta festa será incomparável em termos de alegria e provisão. O próprio Jesus levará Sua noiva ao banquete. Quantas iguarias especiais teremos no novo céu e na nova terra! Todos os cardápios servidos nessa festa serão deliciosos. Não haverá falta de coisa alguma deliciosa nessa festa. Quem se alimentar nessa festa nunca mais terá fome. Quem beber nessa festa nunca mais terá sede (Jo 6.35).

Esta festa será incomparável em termos da companhia dos convidados. Lá estarão os salvos, os anjos, os querubins e os serafins. Cristo mesmo lá estará como dono da festa e como nosso anfitrião. Estaremos na incontável assembléia dos santos (Hb 12.22). Seremos uma só família, um só rebanho.

Esta festa será incomparável em termos de música. Será a festa do casamento do Noivo com a igreja. Os coros angelicais estarão a postos. As trombetas celestiais estarão afinadas. Um coro cósmico levantará sua voz em exaltação a Deus e ao Cordeiro (Ap 5.12,13). Uma gloriosa música encherá os céus e a terra (Ap 15.2,3).

Esta festa será incomparável em termos do lugar onde será celebrada. Esta festa acontecerá no paraíso de Deus (Ap 2.7). Essa festa será realizada na cidade santa, cujo fundamento são pedras preciosas, cuja praça é de ouro, cujas portas são de pérola, cuja claridade procede do Cordeiro. Essa festa ocorrerá na Nova Jerusalém. A cidade mede 2.400 km de largura por 2.400 km de comprimento (Ap 21.16). É maior do que qualquer cidade do mundo. Ela tem espaço para todos os convidados para as bodas.

Esta festa será incomparável pela sua duração. Esta festa não terá fim. Nunca acabará. Aqueles que se assentarem nesse banquete nunca se levantarão da mesa. Teremos vestes brancas,

46 A FELICIDADE AO SEU ALCANCE

coroas, sentaremos em tronos, reinaremos com o Rei da glória para sempre e sempre! Oh! Bendito conforto para aqueles que agora choram pelos seus pecados!

As lágrimas do arrependimento têm rolado em sua face? Você se entristece por entristecer o Espírito Santo? Suas lágrimas são de revolta contra Deus ou de náusea pelo pecado? Espero que você seja um dos que choram, porque a vontade de Deus é que você seja consolado.

Capítulo 3

A FELICIDADE SINGULAR DOS MANSOS
(MT 5.5)

ESTA BEM-AVENTURANÇA está na contramão dos valores do mundo. O mundo rejeita os valores do Reino de Deus. Martyn Lloyd-Jones diz que a humanidade pensa em termos de força, de poderio militar, bélico, econômico e político. Quanto mais agressivo, mais forte. Esse é o pensamento do mundo.[64] Jesus, porém, diz que não são os fortes e os arrogantes que são felizes; nem são eles que vão herdar a terra, mas os mansos. Ser cristão é ser totalmente diferente. Somos uma nova criatura. Temos um novo nome, uma nova vida, uma nova mente, um novo Reino.

Jesus frustrou as expectativas do Seu povo. Os judeus subjugados pelos romanos desde o ano 63 a.c, esperavam um Messias político, guerreiro, que implantasse Seu Reino pela força. Havia quatro grupos em Israel: 1) Os fariseus – eram os religiosos conservadores; eles queriam um Messias milagroso; 2) Os saduceus – eram os liberais; eles queriam um Messias materialista; 3) Os

---

[64] LLOYD-JONES, Martyn. Estudos no Sermão do Monte, p. 57.

48 A FELICIDADE AO SEU ALCANCE

essênios – eram os místicos que viviam nas cavernas de Qumran, perto do Mar Morto; eles queriam um Messias monástico; 4) Os zelotes – eram os ativistas que se insurgiam contra Roma; eles queriam um Messias militar.[65] Os próprios apóstolos pensaram num reino político (At 1.6). Jesus, entretanto, veio com outra proposta e o povo disse: Não queremos esse Messias. Fora com ele! Crucifica-o!

O que não significa ser manso?

Antes de analisar o aspecto positivo de ser manso, vejamos o lado negativo. O que *não* significa ser manso? Martyn Lloyd-Jones lança luz sobre o entendimento desse assunto mencionando os seguintes pontos:[66]

Em primeiro lugar, *ser manso não é um atributo natural*. A mansidão não é apenas boa índole ou o comportamento de uma pessoa educada socialmente. Não é algo externo, convencional, mas uma atitude interna, uma obra da graça no coração, fruto do Espírito. Charles Spurgeon dizia que "ser manso não é virtude, é graça". Ninguém é naturalmente manso. Somente aqueles que reconhecem que nada merecem diante de Deus e choram pelos seus próprios pecados, podem ser mansos diante de Deus e dos homens.

Em segundo lugar, *ser manso não é ser mole ou ficar impassível diante dos problemas*. Ser manso não é ser tímido, covarde, medroso, fraco ou indolente. As pessoas mansas foram profundamente vigorosas e enérgicas. Tiveram coragem para se posicionar com firmeza contra o erro. Enfrentaram açoites, prisões e a própria morte por seus posicionamentos. Os mártires foram

---

[65] MacARTHUR Jr., John. O caminho da felicidade, p. 87.
[66] LLOYD-JONES, Martyn. Estudos no Sermão do Monte, p. 61.

A FELICIDADE SINGULAR DOS MANSOS   49

pessoas mansas. Jesus era manso e humilde de coração, mas usou o chicote para expulsar os vendilhões do templo e teve coragem para morrer numa cruz, em nosso lugar. John MacArthur está correto quando afirma que mansidão não significa impotência, mas domínio próprio.[67] Quem não tem domínio é como uma cidade derribada (Pv 25.28), mas o que tem domínio próprio é melhor do que aquele que toma uma cidade (Pv 16.32).

Em terceiro lugar, *ser manso não significa manter a paz a qualquer preço*. Ser manso não é ser conivente, ficar em cima do muro e agradar gregos e troianos. Ser manso não é ser neutro, viver sem cor, sem sal, sem sabor, sem opinião própria. Ser manso não é ser passivo e indeciso.

Em quarto lugar, *ser manso não é apenas controle emocional externo*. Há pessoas que conseguem manter a calma, o domínio próprio diante de situações adversas, mas não conseguem abrandar as chamas da alma. São como um vulcão que estão sempre em ebulição por dentro. Elas não explodem, mas vivem cheias de fogo por dentro. São apenas aparentemente calmas. Mantêm as aparências diante dos homens, mas não são calmas aos olhos de Deus. Não falam mal, mas desejam mal. Não fazem o mal, mas se alegram intimamente com o fracasso dos seus inimigos.

O que significa ser manso?

Vejamos, agora, o aspecto positivo da mansidão. Thomas Watson comenta sobre esses aspectos positivos. Destacaremos aqui seis desses aspectos.[68]

Em primeiro lugar, *uma pessoa mansa é submissa à vontade de Deus*. Uma pessoa mansa não se rebela contra Deus nem

---

[67] MacARTHUR Jr., John. O caminho da felicidade, p. 88.
[68] WATSON, Thomas. The beatitudes, p. 105-113.

50 A FELICIDADE AO SEU ALCANCE

murmura. Ela aceita a vontade Deus de bom grado. Ela diz como Jó: "Temos recebido o bem de Deus, porventura, não receberíamos também o mal?" (Jó 2.10). Uma pessoa mansa é como Paulo; sabe viver contente em toda e qualquer situação (Fp 4.11). Está sempre dando graças a Deus, sabendo que todas as coisas cooperam para o seu bem (Rm 8.28). Paulo estava preso em Roma. Ele estava no corredor da morte, na ante-sala do martírio, com o pé na sepultura, com o pescoço na guilhotina de Roma, mas escreve para os filipenses e diz: "Eu quero que vocês saibam que as coisas que me aconteceram têm antes contribuído para o progresso do evangelho" (Fp 1.12). O que aconteceu a Paulo? Ele foi preso em Damasco, rejeitado em Jerusalém, esquecido em Tarso, apedrejado em Listra. Foi açoitado em Filipos e escorraçado de Tessalônica e Beréia. Foi chamado de tagarela em Atenas, e de impostor, em Corinto. Enfrentou feras em Éfeso, foi preso em Jerusalém e acusado em Cesaréia. Enfrentou um naufrágio em sua viagem para Roma, foi picado por uma víbora em Malta e chegou algemado na capital do império. Entretanto, ele olhou todas essas circunstâncias com os olhos da submissão à vontade de Deus, dizendo que elas haviam contribuído para o progresso do evangelho. Porque ele estava preso, a igreja foi mais encorajada a pregar. Porque ele estava preso, a guarda pretoriana foi evangelizada. Porque ele estava preso, escreveu cartas que abençoaram o mundo inteiro.

Em segundo lugar, *uma pessoa mansa está debaixo do controle de Deus*. O manso é aquele que foi domesticado. A palavra grega *praus* significa manso, meigo. Trata-se da atitude humilde e mansa que se expressa na submissão às ofensas, livre de malícia e de desejo de vingança.[69] Era empregada para descrever "um animal domesticado". Um potro selvagem pode causar uma destruição.

---

[69] RIENECKER, Fritz e ROGERS, Cleon. Chave lingüística do Novo Testamento Grego, p. 9.

A FELICIDADE SINGULAR DOS MANSOS 51

Um potro domado é útil. Nessa mesma linha de pensamento, Warren Wiersbe diz que o adjetivo "manso" era usado pelos gregos para descrever um cavalo domado e refere-se ao poder sob controle.[70] Uma brisa suave refresca e alivia, mas um furacão mata. O manso morreu para si mesmo. Ele foi domesticado pelo Espírito. A mansidão é fruto do Espírito. O manso está sob autoridade e sob o controle de Deus, e obedece às rédeas do Altíssimo.

William Barclay diz que no grego a palavra *praus* era um dos termos mais elevados do vocabulário ético. Aristóteles fala sobre a virtude da mansidão. Para ele, a virtude era o equilíbrio entre dois extremos. Aristóteles definia a mansidão como o justo equilíbrio entre a ira excessiva e a falta absoluta de ira, ou impassividade.[71] O mesmo escritor diz que foi a ausência dessa virtude o que constituiu a ruína de Alexandre, o Grande, discípulo de Aristóteles, quando em um ataque de fúria, dominado pela embriaguês, ele arrojou uma lança e matou seu melhor amigo. Ninguém pode governar os outros se não aprendeu a governar a si mesmo. A pessoa que se entrega plenamente ao controle de Deus, porém, obtém a mansidão que a capacita para herdar a terra.[72]

O manso é aquele que tem a força sob controle. Ele tem domínio próprio. A Bíblia diz que mais forte é o que domina o seu espírito do que aquele que conquista uma cidade. Mansidão não é o mesmo que fraqueza, pois tanto Moisés quanto Jesus foram homens mansos. Essa bem-aventurança pode ser sintetizada assim: "Bem-aventurado o homem cujos instintos, paixões e impulsos estão sob controle. Bem-aventurado o homem que aprendeu a dominar-se".[73]

---

[70] WIERSBE, Warren W. Comentário bíblico expositivo, p. 24.

[71] BARCLAY, William. Mateo I, p. 104,105.

[72] BARCLAY, William. Mateo I, p. 107.

[73] BARCLAY, William. Mateo I, p. 105.

52 A FELICIDADE AO SEU ALCANCE

O manso é aquele que não reivindica os seus próprios direitos. Martyn Lloyd-Jones diz que o manso não exige coisa alguma para si mesmo. Não considera todos os seus legítimos direitos como algo a ser exigido. Não faz exigências quanto à sua posição, aos seus privilégios, às suas possessões e à sua situação na vida.[74] Jesus, sendo Deus, não julgou como usurpação o ser igual a Deus. O manso é aquele que tem o mesmo sentimento de Cristo (Fp 2.5,6).

O manso é aquele que está disposto a sofrer o dano. Como Paulo escreveu aos coríntios, em uma demanda entre irmãos, ele está pronto a sofrer o dano em vez de buscar levar vantagem (1Co 6.7).

Em terceiro lugar, *uma pessoa mansa reconhece diante dos homens aquilo que ela reconhece diante de Deus.* Não temos nenhuma dificuldade de fazer uma oração de confissão e dizer: "Ó Deus, tem misericórdia de mim, porque eu sou um mísero pecador!". Nós admitimos isso. Confessamos isso. Se, no entanto, alguém vier nos chamar de pecador, logo o rechaçamos. Não admitimos ser diante dos outros aquilo que admitimos ser diante de Deus. Não aceitamos que os outros nos tratem como de fato somos: míseros pecadores. Não admitimos que os outros lancem em nosso rosto aquilo que confessamos diante de Deus.

O manso é aquele que não luta para defender sua própria honra. Aquele que já está no chão não tem medo da queda. O indivíduo verdadeiramente manso é aquele que se admira do fato de Deus e os homens pensarem dele tão bem quanto pensam, tratando-o tão bem quanto o tratam. Isso, ao que me parece, é a qualidade essencial do indivíduo que é manso, diz Martyn Lloyd-Jones.[75]

---

[74] LLOYD-JONES, Martyn. Estudos no Sermão do Monte, p. 62.
[75] LLOYD-JONES, Martyn. Estudos no Sermão do Monte, p. 63.

Uma mulher mandou uma carta ao irmão André, das Missões Portas Abertas, fazendo-lhe pesadas acusações. Ele chorou e pediu a Deus graça. Então, sentou e escreveu uma carta nos seguintes termos: "Minha irmã, eu concordo com você. Eu sou muito pior do que você descreveu. Se você me conhecesse como Deus me conhece, certamente teria sido muito mais forte nas suas acusações". A acusadora ficou envergonhada com a resposta e apressou-se em lhe pedir perdão.

Em quarto lugar, *uma pessoa mansa suporta injúrias*. Uma pessoa mansa não é facilmente provocada. Um espírito manso não se inflama facilmente. Davi dá o seu testemunho: "Armam ciladas contra mim os que tramam tirar-me a vida; os que me procuram fazer o mal dizem cousas perniciosas e imaginam engano todo o dia. Mas eu, como surdo, não ouço e, qual mudo, não abro a boca" (Sl 38.12,13). Jesus não revidou ultraje com ultraje. Em vez de despejar ira sobre seus algozes, orou em favor deles.

Thomas Watson diz que há algumas coisas que se opõem à mansidão. Destacaremos quatro delas:[76]

Precipitação. Uma pessoa precipitada, que fala antes de pensar, que age antes de refletir, que se destempera facilmente e perde o controle emocional, não é uma pessoa mansa. Basílio comparava a ira à embriaguez, e Jerônimo dizia que há mais pessoas embriagadas de paixão iracunda do que de vinho. A ira descontrolada neutraliza a razão. Muitas pessoas são frias na expressão da sua fé, mas vivem em estado de ebulição quando se trata da ira.

Maldade. Uma pessoa mansa não faz o mal, não fala mal nem deseja o mal. A Bíblia diz que aquele que odeia a seu irmão é assassino (1Jo 3.15) e quem o chama de tolo está sujeito ao fogo do inferno (Mt 5.22).

---

[76] WATSON, Thomas. The beatitudes, p. 106-110.

54 A FELICIDADE AO SEU ALCANCE

Vingança. A Bíblia proíbe a vingança: "Não vos vingueis a vós mesmos, amados, mas dai lugar à ira; porque está escrito: A mim me pertence a vingança; eu é que retribuirei, diz o Senhor" (Rm 12.19). A vingança é a usurpação de um direito exclusivo de Deus.

Falar mal. A Bíblia nos ordena não falar mal uns dos outros (Tg 4.11). O pecado que Deus mais odeia é o da língua que semeia contenda entre os irmãos (Pv 6.16-19). Tiago diz que a língua tem o poder de dirigir (freio e leme) e o poder de destruir (fogo e veneno) (Tg 3.1-8). Muitas pessoas não tiram a vida do próximo, mas destroem sua reputação com a língua. A língua torna-se um mundo de iniqüidade, indomável e incoerente.

Em quinto lugar, *uma pessoa mansa perdoa as injúrias*. Jesus disse: "E, quando estiverdes orando, se tendes alguma cousa contra alguém, perdoai, para que vosso Pai celestial vos perdoe as vossas ofensas" (Mc 11.25). Não adianta orar sem perdoar. Lembramos mais as injúrias do que as benevolências.

Certa mulher foi visitada pelo pastor no leito da morte: "Você está pronta a perdoar o seu inimigo?" Ela respondeu: "Eu não vou perdoá-lo, ainda sabendo que, por causa disso, estou indo para o inferno".

Jesus é o nosso modelo de homem manso. "Pois ele, quando ultrajado, não revidava com ultraje; quando maltratado, não fazia ameaças, mas entregava-se àquele que julga retamente" (1Pe 2.23). Thomas Watson diz que aquele que vive sem mansidão morre sem misericórdia.[77]

O perdão é uma necessidade vital para uma vida saudável. Sem o exercício do perdão, não podemos ter um relacionamento certo com Deus, nem com o nosso próximo, nem mesmo com nós mesmos. O perdão deve ser verdadeiro e de todo o coração.

---

[77] WATSON, Thomas. The beatitudes, p. 112.

A FELICIDADE SINGULAR DOS MANSOS 55

Devemos perdoar como Deus nos perdoou em Cristo. Ele apaga os nossos pecados como a névoa e os lança no mar, e deles nunca mais se lembra. Deus perdoa e esquece. Deus perdoa e não cobra mais. Deus perdoa e nunca mais lança o nosso pecado em nosso rosto. É assim que devemos perdoar: como Deus perdoa, de todo o coração.

A Bíblia nos diz também que Deus perdoa todos os nossos pecados e não apenas alguns deles. "Ele perdoa todas as nossas iniqüidades" (Sl 103.3). Se você é manso, você perdoa todas as injúrias. Uma pessoa que não é mansa perdoa algumas ofensas, mas retém outras. Isso é apenas meio perdão, não é perdão completo. Se Deus fizesse isso com você, como você estaria agora?

A Bíblia diz que Deus é rico em perdoar (Is 55.7). Até quantas vezes devemos perdoar? Até sete vezes? Não, até setenta vezes sete, ou seja, de forma ilimitada. Não há cristianismo sem perdão. Se você não perdoa, não pode adorar, ofertar, orar, nem ser perdoado. Se você não perdoa, não tem paz, fica doente, dominado, atormentado. Se você não perdoa a seu irmão, não é apenas a ele que você está ferindo, mas está ferindo também a Deus. Como já afirmamos, quem vive sem mansidão morre sem misericórdia.

Concordo com C. S. Lewis, quando ele disse que falar ou escrever sobre perdão é mais fácil do que perdoar. É fácil falar sobre perdão até ter alguém para perdoar. A dor mais aguda que já senti na vida foi quando meu irmão foi assassinado. Foi como um golpe em meu estômago. Perdi a voz. O mundo desabou sobre minha cabeça. Mas a primeira palavra que Deus colocou na minha boca foi: "Eu perdôo o assassino". Eu não tinha opção. Perdoava ou adoecia. Perdoava ou minha vida se transformaria em um inferno. O perdão é uma questão de necessidade e até de bom senso. Quando você nutre ódio ou mágoa de alguém, você se torna prisioneiro dessa pessoa. Você acaba convivendo com a pessoa com quem menos gostaria de relacionar-se. Você vai tomar uma

56 A FELICIDADE AO SEU ALCANCE

refeição, e a pessoa tira o seu apetite. Você vai tirar uma soneca, e a pessoa se torna o seu pesadelo. Você vai tirar férias, e a pessoa pega carona com você e estraga o seu tempo de descanso.

Em sexto lugar, *uma pessoa mansa recompensa o mal com o bem*. Amar os inimigos, fazer o bem a eles e orar por eles é a marca de uma pessoa mansa (Mt 5.44). A Bíblia diz que, se o nosso inimigo tiver fome, devemos dar a ele de comer (Rm 12.20). O apóstolo Pedro diz: "Não pagando mal por mal ou injúria por injúria; antes, pelo contrário, bendizendo, pois para isto mesmo fostes chamados, a fim de receberdes bênção por herança" (1Pe 3.9).

Pagar o mal com o mal é agir como um selvagem. Pagar o bem com o mal é agir como um demônio. Pagar o mal com o bem é agir como um cristão, como uma pessoa mansa.

Davi dá o seu testemunho: "Pagam-me o mal pelo bem, o que é desolação para a minha alma. Quanto a mim, porém, estando eles enfermos, as minhas vestes eram pano de saco; eu afligia a minha alma com jejum e em oração me reclinava sobre o peito" (Sl 35.12,13).

Por que devemos ser mansos

Destacamos duas razões pelas quais devemos ser mansos:

Em primeiro lugar, *devemos ser mansos porque temos os melhores exemplos*. Jesus é o Homem perfeito. E Ele foi manso e humilde de coração (Mt 11.29). Quando era ultrajado, não revidava com ultraje. As palavras de Seus inimigos foram mais amargas do que o fel que Lhe deram na cruz, mas as palavras de Cristo foram mais doces do que o mel, foram palavras de perdão e salvação.

Ele orou e chorou pelos Seus inimigos. Ele perdoou os Seus inimigos e agora nos convida: "Aprendei de mim, porque sou manso" (Mt 11.29).

A FELICIDADE SINGULAR DOS MANSOS 57

Cristo não nos exorta a aprender com Ele a fazer milagres, a abrir os olhos aos cegos, a levantar os mortos, mas nos exorta a aprender com Ele a sermos mansos. Se nós não imitarmos Sua vida, não seremos salvos pela Sua morte. Não apenas Jesus foi manso, mas também outros servos de Deus o foram e constituem para nós exemplo e estímulo. Abraão abriu mão dos seus direitos e deu a Ló a oportunidade de escolher primeiro. Uma pessoa mansa abre mão, não briga pelos seus próprios direitos. Moisés foi o homem mais manso da terra (Nm 12.3). Quantas injúrias sofreu! Quando o povo de Israel murmurava contra ele, em vez de se irar contra o povo, ele caía de joelhos em oração pelo povo (Êx 15.24,25). As águas de Mara não foram tão amargas como o espírito do povo, mas Moisés não reagia com amargura; pelo contrário, respondia com oração. Saul perseguia loucamente a Davi, e este, algumas vezes, teve a vida de Saul em suas mãos, mas não se vingou (1Sm 26.7,12,23). Simei amaldiçoou Davi e este não permitiu que sua vida fosse tirada (2Sm 16.11). Um homem manso não defende sua própria causa, sua própria reputação.

Em segundo lugar, *a mansidão é o caminho mais curto para a reconciliação com nossos inimigos*. A palavra dura suscita a ira, mas a resposta branda (mansa) desvia o furor (Pv 15.1). A brandura de Davi com Saul derreteu o coração do seu desafeto mais do que sua bravura (1Sm 24.16,17). A mansidão é como ajuntar brasas vivas sobre a cabeça do seu inimigo. A ira faz um amigo tornar-se inimigo, mas a mansidão faz um inimigo tornar-se amigo.[78] Muitas contendas familiares deixariam de existir se a mansidão fosse cultivada. Muitos divórcios dolorosos e traumáticos jamais aumentariam as estatísticas das tragédias familiares se os cônjuges aprendessem a ser mansos. Muitos embates políticos,

---

[78] WATSON, Thomas. The beatitudes, p. 116.

58   A FELICIDADE AO SEU ALCANCE

muitas guerras encarniçadas e muitas conflagrações devastadoras jamais teriam encharcado a terra de sangue se as partes rivais conhecessem a realidade dessa bem-aventurança: "Bem-aventurados os mansos, porque eles herdarão a terra".

A recompensa dos mansos

O texto nos fala de duas grandes recompensas para os mansos:

Em primeiro lugar, *uma profunda e gloriosa felicidade*. Jesus diz que os mansos são felizes, bem-aventurados. A palavra *macarios* era usada pelos gregos para descrever a felicidade dos deuses. É uma felicidade plena, completa, independente das circunstâncias, baseada em um relacionamento íntimo e permanente com o Deus vivo. Essa felicidade não é externa, mas interna. Não está fundamentada na posse de riquezas, mas é um estado de espírito independente da pobreza. Não depende de circunstâncias favoráveis, mas reina suprema apesar das circunstâncias adversas. Essa felicidade não é fruto dos prazeres da carne, do glamour do mundo, da fascinação da riqueza, nem dos holofotes da fama. Essa felicidade não é resultado das viagens psicodélicas, movida pelos vapores do álcool, badalada pelos ritmos alucinantes. Não se trata de uma felicidade química, postiça, comprada por dinheiro ou introjetada nas veias. Esta é a felicidade falsa, momentânea. Tem gosto de enxofre. Ela conduz à morte. A verdadeira felicidade tem sua origem no céu. Procede de Deus. Dura para sempre!

Em segundo lugar, *a herança da terra no tempo*. Mesmo sendo estrangeiros na terra (Hb 11.37), os mansos são aqueles que herdam a terra. Eles comem o melhor dessa terra. O ímpio tem a posse temporal da terra, mas o manso usufrui as benesses da terra.

Nesse sentido, os mansos já são herdeiros da terra, na vida presente. O manso é uma pessoa satisfeita. Sente-se contente. Ele nada tem, mas tudo possui. Paulo diz: "Entristecidos, mas sempre alegres; pobres, mas enriquecendo a muitos; nada tendo, mas possuindo tudo" (2Co 6.10). E também: "Eu aprendi a viver contente em toda e qualquer situação. Eu tudo posso naquele que me fortalece" (Fp 4.11-13). O manso é cidadão do céu. O manso é filho de Deus. O manso é herdeiro de Deus e co-herdeiro com Cristo. Do Senhor é a terra e a sua plenitude. Tudo o que pertence ao Pai, pertence ao filho (1Co 3.21-23). Os mansos são os verdadeiros herdeiros de tudo o que é do Pai. Receberemos a herança original de domínio sobre a terra que Deus deu a Adão. É a reconquista do paraíso. Eles conquistam a terra não pelas armas, não pela força, mas por herança. O manso herda as bênçãos da terra. O ímpio pode ter abundância de dinheiro, mas o manso tem abundância de paz (Sl 37.11). O ímpio não tem o que parece ter. Ele tem propriedades, terras, mas não pode levar nada, não herda nada. O manso, porém, mesmo desprovido agora, tem a herança, a posse eterna de tudo o que é do Pai. A Bíblia diz: "Uns se dizem ricos sem terem nada; outros se dizem pobres, sendo mui ricos" (Pv 13.7).

O manso desfrutará também da terra restaurada, redimida do seu cativeiro. Ele habitará no novo céu e na nova terra (Ap 21.2,3). E reinará com Cristo sobre a terra. O manso não apenas herda a terra, mas também o céu. O manso tem a terra apenas como a sua casa de inverno, mas tem no céu uma mansão permanente, eterna, casa feita não por mãos, eterna no céu (2Co 5.1-8).

Capítulo 4

A FELICIDADE DAQUELES QUE TÊM FOME E SEDE DE JUSTIÇA (MT 5.6)

A QUARTA BEM-AVENTURANÇA fala sobre o apetite espiritual: "Bem-aventurados os que têm fome e sede de justiça, pois serão fartos" (Mt 5.6). Os verbos no grego são muito fortes. *Peinao* significa estar necessitado, sofrer de fome profunda. A palavra *dipsao* traz em si a idéia de sede de verdade. Jesus se refere os estímulos físicos mais fortes em uma ação contínua – os que têm fome, os que têm sede.[79] Só os que têm fome e sede é que serão saciados. Os que têm fome e sede de justiça são saciados e também muito felizes. Porém, se você não tem fome e sede de justiça, deve se questionar se já está no Reino.

É importante ressaltar que a felicidade não precede à justiça, mas esta, àquela. Martyn Lloyd-Jones afirma corretamente que sempre que alguém põe a felicidade acima da justiça, tal esforço está condenado ao mais miserável fracasso. Só são felizes as pessoas que buscam primariamente a justiça. Coloque a felicidade

---

[79] MacARTHUR Jr., John. O caminho da felicidade, p. 104.

62 A FELICIDADE AO SEU ALCANCE

no lugar que pertence à justiça, e a felicidade nunca será obtida.[80] John Charles Ryle está coberto de razão quando diz que felizes são aqueles que preferem ser santos a ser ricos ou sábios.[81] A felicidade também não está ao alcance daqueles que têm fome e sede de felicidade, de experiências ou mesmo de bênçãos. Se quisermos ser verdadeiramente felizes e abençoados, precisamos ter fome e sede de justiça. Felicidades e bênçãos são resultado da justiça.

Somente uma pessoa humilde de espírito, que reconhece os seus próprios pecados, chora por eles e se submete à soberania de Deus, pode ter fome e sede de justiça.

Falaremos mais sobre esse apetite pelo alimento do céu a seguir.

Por que tipo de alimento devemos ter apetite?

A fome espiritual é uma das características do povo de Deus. A ambição suprema do povo de Deus não é material, mas espiritual. Os cristãos aspiram às coisas mais excelentes. Eles buscam em primeiro lugar o Reino de Deus e Sua justiça (Mt 6.33).

Thomas Watson, puritano inglês do século 17, disse que Jesus fala aqui da justiça imputada e da justiça implantada.[82] John Stott, um dos maiores expositores bíblicos do século 20, diz que a justiça bíblica tem três aspectos: legal, moral e social. A justiça legal trata da nossa justificação, um relacionamento adequado com Deus. A justiça moral trata da conduta que agrada a Deus, a justiça interior, de coração, de mente e de motivações. A justiça

---

[80] LLOYD-JONES, Martyn. Estudos no Sermão do Monte, p. 68.

[81] RYLE, John Charles. Comentário expositivo do Evangelho Segundo Mateus, p. 23.

[82] WATSON, Thomas. The beatitudes, p. 122.

A FELICIDADE DAQUELES QUE TÊM FOME E SEDE DE JUSTIÇA 63

social refere-se à busca pela libertação do homem de toda a opressão, junto com a promoção dos direitos civis, de justiça nos tribunais, da integridade nos negócios e da honra no lar e nos relacionamentos familiares.[83]

Por que tipo de alimento devemos ter apetite?

Em primeiro lugar, *devemos ter apetite pela justiça imputada, ou seja, pela justiça diante de Deus.* O homem é pecador, pois todos pecaram e destituídos estão da glória de Deus (Rm 3.23). Todos terão de comparecer perante o justo tribunal de Cristo (2Co 5.10). Naquele dia, os livros serão abertos e seremos julgados segundo as nossas obras (Ap 20.11-15). Pelas obras, ninguém poderá ser justificado diante de Deus, pois o padrão para entrar no céu é a perfeição (Mt 5.48). Só pessoas perfeitas podem entrar no céu. Nada contaminado entrará no céu (Ap 21.27). A Bíblia diz que, se guardarmos toda a lei e tropeçarmos em um único ponto, seremos culpados de toda a lei (Tg 2.10). Maldito é aquele que não perseverar em toda a obra da lei para cumpri-la (Gl 3.10). Nenhum homem pode alcançar o padrão da perfeição exigido pela lei, pois não há homem que não peque. Pecamos por palavras, obras, omissão e pensamentos. Desta maneira, não temos a mínima chance de sermos justificados diante do tribunal de Deus pelos nossos próprios méritos.

Como, então, um homem pode ser justo diante de Deus? Aquilo que o homem não podia fazer, Deus fez por ele. Deus enviou o Seu Filho ao mundo como o nosso representante e fiador. Quando Cristo foi à cruz, Ele foi em nosso lugar. Quando Ele estava suspenso no madeiro, Deus fez cair sobre Ele a iniqüidade de todos nós. Ele foi moído pelos nosso pecados e traspassado pelas nossas transgressões. Naquele momento, Ele foi feito pecado por

---

[83] STOTT, John R. W. Contracultura cristã – a mensagem do Sermão do Monte, p. 34,35.

64 A FELICIDADE AO SEU ALCANCE

nós. Ele foi feito maldição por nós. O sol escondeu o Seu rosto e o próprio Deus não pôde ampará-lo. Antes de expirar, porém, Jesus deu um grande brado: "Está consumado!" (Jo 19.30). Está pago! Jesus pegou o escrito de dívida que era contra nós, quitou-o, rasgou-o e encravou-o na cruz. Agora estamos quites com a lei de Deus. Agora não temos mais nenhum débito pendente com a justiça de Deus. Agora nenhuma condenação há mais para aqueles que estão em Cristo Jesus (Rm 8.1). Nós fomos justificados! Cristo morreu em nosso lugar, em nosso favor, levando sobre o Seu corpo os nossos pecados, encravando na cruz a nossa dívida, e comprando na cruz a nossa eterna redenção.

Cristo é a nossa justiça (1Co 1.30). Thomas Watson está correto quando diz que o mais fraco dos crentes que crê em Cristo tem tanto da justiça de Cristo como o mais forte dos santos.[84] Em Cristo somos completos e perfeitos. Cristo é a fonte da vida. Não precisamos das cisternas rotas. Quem nele crê tem uma fonte dentro de si e rios de água viva fluindo do seu interior.

Em segundo lugar, *devemos ter apetite pela justiça implantada, ou seja, uma nova vida com Deus*. O fato de crermos em Cristo e sermos salvos não significa que a nossa natureza pecaminosa foi arrancada de nós. Recebemos uma nova natureza, um novo coração, uma nova vida, mas a velha natureza não foi extirpada. Existe dentro de nós a luta entre a carne e o espírito. Ainda temos uma fonte de pecado dentro do nosso coração e águas amargas fluem dessa fonte. Quem tem fome e sede de justiça deseja ardentemente ser transformado mais e mais.

Quem tem fome e sede de justiça aspira pelas coisas do céu, ama a santidade, tem prazer nas coisas de Deus, deleita-se em Deus e ama a Sua lei. Sua aspiração mais elevada não é por ajuntar tesouros na terra, mas no céu. Seu prazer não está nos

---

[84] WATSON, Thomas. The beatitudes, p. 122.

A FELICIDADE DAQUELES QUE TÊM FOME E SEDE DE JUSTIÇA 65

banquetes do mundo, mas nos manjares do céu. Ele tem sede de santidade. Tem uma nova mente, um novo coração, um novo nome, uma nova vida. Seu coração está no céu. Seu tesouro está no céu. Seu lar está no céu. Sua pátria está no céu. Quem tem fome e sede de justiça deseja ardentemente ter mente pura, coração puro, vida pura. Anela subjugar o orgulho e ter vida reta com Deus e com os homens. Quem tem fome e sede de justiça quer sempre mais. Está satisfeito, mas nunca saciado. Ama, porém quer amar mais. Ora, porém quer orar mais. Estuda a Palavra, porém quer estudar mais. Obedece, porém quer obedecer mais.

Em terceiro lugar, *devemos ter apetite pela justiça promovida, ou seja, a justiça social.* Se a justiça imputada fala da justiça legal e a implantada fala da justiça moral, a justiça promovida fala da justiça social. John Stott diz que quem tem fome e sede de justiça abomina o mal, ataca a corrupção e declara guerra contra todo o esquema de opressão. Luta pela justiça social, exige justiça nos tribunais, defende o direito do fraco e pleiteia a causa dos oprimidos.[85]

Quem tem fome e sede de justiça luta por uma sociedade na qual não haja fraude, falso testemunho, perjúrio, roubo e desonestidade nos negócios pessoais, nacionais e internacionais. Quem tem fome e sede justiça luta para que leis justas sejam estabelecidas, para que os justos governem e os magistrados julguem com eqüidade. Quem tem fome e sede de justiça denuncia o pecado e promove o bem; ama a verdade e abomina a mentira. Sua oração contínua é: "Venha o teu reino, faça-se a tua vontade, assim na terra como no céu" (Mt 6.10). Deseja justiça diante de Deus, para si e entre os homens. Martyn Lloyd-Jones diz que, se

---

[85] STOTT, John R. W. Contracultura cristã – a mensagem do Sermão do Monte, p. 35.

66 A FELICIDADE AO SEU ALCANCE

cada homem e mulher neste mundo soubesse o que significa "ter fome e sede de justiça", então não haveria perigo de explodirem conflitos armados. Esse é o caminho para a verdadeira paz.[86] Os filhos de Deus sempre lutaram pelas grandes causas sociais. O cristianismo sempre levantou a bandeira das grandes transformações sociais. Jesus se manifestou para desfazer as obras do Diabo e libertar os cativos e oprimidos. Jesus Cristo restaurou a dignidade das mulheres e das crianças. Os apóstolos cuidaram dos pobres. A Reforma do século 16 devolveu às nações a visão bíblica do trabalho, da vocação, da economia, da ciência e, sobretudo, da verdadeira fé. As nações que nasceram sob a luz da Reforma cresceram e prosperaram, rompendo as peias do obscurantismo medieval. John Wesley lutou bravamente pela causa da abolição da escravatura. Bill Hybels, de forma comovente, conta em seu livro *Liderança Corajosa* a história de Wilberforce e Martin Luther King. Em 1789, William Wilberforce posicionou-se perante o Parlamento Britânico e veementemente clamou pelo dia em que homens, mulheres e crianças não fossem mais comprados e vendidos como animais de carga. A cada ano, nos dezoito anos seguintes, seu projeto de lei foi derrotado, mas ele não esmoreceu em sua luta contra a escravidão. Até que, finalmente, em 1833, quatro dias antes da sua morte, o parlamento aprovou um projeto de lei abolindo completamente a escravidão na Inglaterra. Em 1963, Martin Luther King Jr., em pé nos degraus do Memorial de Lincoln, em Washington, D.C., descreveu um mundo sem preconceito, ódio ou racismo. Disse ele: "Eu tenho um sonho de que meus quatro filhos vão um dia viver em uma nação onde eles não serão julgados pela cor da sua pele, mas pelo teor do seu caráter". Ele lutou com desassombro contra o famigerado preconceito racial

---

[86] LLOYD-JONES, Martyn. Estudos no Sermão do Monte, p. 66.

na América e, mesmo tendo tombado como mártir dessa causa, deixou um legado vitorioso que ainda inspira aqueles que têm fome e sede de justiça a continuar nessa peleja. Martin Luther King Jr. morreu, mas o seu sonho permanece vivo!

Que tipo de apetite devemos ter?

Em primeiro lugar, *consideremos alguns problemas graves ligados ao apetite.* Há alguns problemas graves ligados à questão do apetite. Precisamos considerá-los se quisermos entender claramente o que Jesus está ensinando nessa quarta bem-aventurança

Os mortos não têm apetite. Uma pessoa morta não tem fome. Não há restaurantes nos cemitérios. Da mesma forma, uma pessoa sem vida espiritual nunca terá fome das coisas de Deus. As iguarias da mesa de Deus não despertam nenhum apetite nos espiritualmente mortos. As coisas de Deus não os atraem. Eles têm fome de outras coisas. Têm fome do pecado, e não do pão do céu. Têm fome das coisas do mundo, e não dos banquetes de Deus. O mundo os encanta e seduz, mas não as iguarias da mesa de Deus.

Se você não tem fome de Deus, possivelmente você ainda está espiritualmente morto. A fome é o primeiro sinal de que uma pessoa está viva. Quando uma criança nasce, a primeira coisa que ela faz é chorar e buscar o seio materno. Assim como uma criança, ao nascer, deseja o leite materno, uma pessoa que nasce de novo deseja ardentemente o genuíno leite espiritual (1Pe 2.2). John MacArthur Jr. exorta: "Se você não tem fome e sede de justiça, há que se questionar se você sequer está no Reino de Deus".[87]

---

[87] MacARTHUR Jr., John. O caminho da Felicidade, p. 104.

68 A FELICIDADE AO SEU ALCANCE

A falta de apetite é uma doença. Muitas pessoas que nasceram de novo estão doentes espiritualmente e perderam o apetite pelas coisas do céu. Pessoas doentes têm mais sono do que apetite. São como Pedro no Getsêmani: dormem em vez de orar. Também perderam o apetite pela leitura bíblica. Perderam o apetite pela oração. Perderam o entusiasmo de estar na Casa de Deus. Estão fracas na fé. Aqueles que se consideram cheios jamais serão saciados. Quando as pessoas recusam o alimento, é porque não estão com fome. Quando elas fazem pouco caso do evangelho, é porque estão cheias de si mesmas. Jesus tinha apetite pelas coisas do Pai. Ele disse: "A minha comida consiste em fazer a vontade daquele que me enviou e realizar a sua obra" (Jo 4.34). Quem tem fome de Deus deleita-se na Palavra de Deus. Ela é mais doce do que o mel e o destilar dos favos (Sl 19.10). Jeremias disse: "Achadas as tuas palavras, logo as comi" (Jr 15.16). Entretanto, apenas ouvir a Palavra, sem colocá-la em prática, é sinal de doença (Ez 33.32; Tg 1.22-25). Outros preferem recreação ao alimento.

A inanição é evidência de uma alimentação escassa. Quando as pessoas não recebem alimento suficiente para atender suas necessidades, ficam fracas, desnutridas e, conseqüentemente, não se desenvolvem. O alimento é uma necessidade básica. Ninguém sobrevive sem pão. Ninguém pode ter uma boa saúde sem alimentação suficiente e adequada. Muitos crentes sofrem de inanição espiritual porque estão ingerindo pouco alimento. Estão recebendo apenas uma refeição por semana. Só vão à igreja uma vez por semana. Em casa, não lêem a Bíblia, não oram nem cultivam o culto doméstico. Não freqüentam os cultos semanais. Não participam das reuniões de oração. Não se dedicam ao estudo das Escrituras na Escola Dominical. O resultado é uma fraqueza espiritual generalizada. Essas pessoas ficam expostas a toda sorte de doenças oportunistas. Perdem a resistência. Ficam sujeitas às perigosas influências dos ventos de doutrina.

A FELICIDADE DAQUELES QUE TÊM FOME E SEDE DE JUSTIÇA 69

Existem muitos aventureiros da fé cujo propósito não é alimentar o povo de Deus, mas engordar a própria conta bancária. Só pregam para grandes auditórios, a fim de ganhar grandes cachês. Outros trocam de púlpito com os seus pares para dividir entre si as ofertas dos fiéis. Muitos pregadores inescrupulosos e gananciosos criam suas próprias igrejas como uma empresa familiar. Fazem do púlpito um balcão, do evangelho, um produto, do povo, uma clientela. Vendem por dinheiro a graça de Deus e pelo lucro a consciência. Torcem a verdade, pregam outro evangelho, que na verdade não é evangelho de Cristo, e enganam os incautos com promessas mirabolantes de riquezas e glórias neste mundo. Embora as multidões movidas pela fome do pão que perece e por bênçãos puramente terrenas fluam aos borbortões para os redutos desses pregoeiros, elas continuam com inanição espiritual, visto que não se alimentam do verdadeiro Pão da vida.

Muitas doenças são provocadas por uma alimentação inadequada. A saúde começa pela boca. Ninguém pode ter boa saúde se tem uma péssima alimentação. Não há nada mais nocivo à saúde do que ingerir um alimento estragado ou venenoso. Nos tempos do profeta Eliseu, os discípulos dos profetas não puderam comer porque havia morte na panela.[88] Hoje muitos crentes estão doentes porque há morte na panela. Há morte nos púlpitos. Há morte nas classes de Escola Dominical. Há morte nos livros! As pessoas estão desejando as bênçãos de Deus, e não o Deus das bênçãos. Elas querem prosperidade, e cura e não santidade. Desejam sucesso, e não piedade. Têm sede dos aplausos dos homens, e não fome da glória de Deus. O jovem rico foi a Jesus, mas ele tinha fome de salvação e também de riqueza. Muitos vão a Jesus, mas têm fome

---

[88] Veja o livro Morte na Panela, de autoria de Hernandes Dias Lopes, publicado pela Editora Hagnos.

70 A FELICIDADE AO SEU ALCANCE

de salvação e dos prazeres do mundo; fome de salvação e também de sucesso; fome de Jesus e do pecado. Esses são despedidos vazios! Há pessoas que têm fome de mamom, e não de maná. Há outros que têm fome de vingança. Outros, fome e sede de satisfazer seus desejos impuros. Aqueles que têm fome de pecado serão saciados por Satanás e perecerão de fome e sede para sempre.

A desnutrição produz raquitismo. Uma pessoa que não recebe alimento saudável e suficiente pode sofrer de raquitismo. Seus membros ficam atrofiados e seu desenvolvimento, comprometido. Não obstante vivermos no melhor dos tempos, vivemos também no pior dos tempos. Nunca tivemos tanta literatura evangélica disponível, e nunca tivemos uma geração tão analfabeta da Bíblia. Nunca tivemos tanto acesso ao conhecimento bíblico, e nunca tivemos uma geração tão descomprometida com o conteúdo do evangelho. Somos gigantes em número e pigmeus em vida. Temos extensão, mas não profundidade. Temos articulação política, mas não testemunho de impacto. Temos muitos pregadores famosos, mas poucos homens ungidos. Temos muitas celebridades, mas poucos que cingem a toalha e imitam o Mestre.

Muitas igrejas estão se transformando em casas de shows. Estamos vivendo a triste realidade da tietagem evangélica. O povo só aparece quando existe um artista, uma estrela, um testemunho espetacular, um cantor famoso. As pessoas estão correndo atrás de entretenimento espiritual, e não do pão do céu. Elas têm fome do novo, do inusitado, do espetaculoso, e não da Palavra de Deus. Buscam emoções, e não conhecimento; experiências, e não entendimento. Por falta de alimento genuíno, não se desenvolvem, não criam musculatura espiritual, não crescem rumo à plena estatura de Cristo.

As igrejas que abandonam o genuíno evangelho em busca das novidades precisam ter muita criatividade. As novidades são como goma de mascar. No começo é gostoso, doce. Depois, o açúcar acaba e a pessoa começa a mastigar borracha. Uma

A FELICIDADE DAQUELES QUE TÊM FOME E SEDE DE JUSTIÇA 71

novidade passa como passa a neblina e, então, outra novidade precisa ser inventada. Como meninos, essas pessoas são arrastadas por todos os ventos de doutrinas e, no tempo em que já deveriam ser maduros, permanecem nos rudimentos da fé, espiritualmente raquíticos.

Em segundo lugar, *consideremos as características do apetite.* Há um perfeito paralelo entre o apetite físico e o apetite espiritual. Há uma grande ligação entre o pão da terra e o pão do céu. Há uma intensa conexão entre a fome de alimento e a fome de Deus. Charles Haddon Spurgeon, em seu esplêndido comentário sobre as Bem-Aventuranças, *God Will Bless You,* identifica várias conexões entre a fome física e a fome espiritual, que vamos considerar aqui.[89]

O apetite é um desejo real. A fome é indisfarçável. Não podemos fazer de conta que o apetite não existe. A fome e a sede são as necessidades mais essenciais da vida. Ninguém sobrevive neste mundo sem pão e sem água. Da mesma forma, ninguém pode pertencer ao Reino de Deus sem ter fome e sede de justiça. O maior anseio de uma pessoa salva é ser perdoada e vestida com a justiça de Cristo. O maior desejo de um crente é ser santo, puro e faminto de Deus. Sua maior aspiração é pela glória de Deus. Se antes ele tinha fome de pecar, agora ele tem fome de santidade.

Uma pessoa faminta enfrenta qualquer tipo de dificuldade para conseguir pão. Victor Frankl, médico e logoterapeuta, narra sua dolorosa história em seu livro *Em Busca de Sentido.* Ele foi apanhado pelos nazistas na Segunda Guerra Mundial. Perdeu toda a sua família. Foi levado para o campo de concentração de Auschwitz, na Polônia. Enfrentou horrores indescritíveis. Perdeu tudo: a pátria, a cidadania, a família, a riqueza, o nome, a

---

[89] SPURGEON, Charles H. God will bless you. Pennsylvania: Whitaker House, 1997, p. 68-72.

72   A FELICIDADE AO SEU ALCANCE

dignidade. Sobrou-lhe apenas um fiapo de vida ultrajada. Viu muitos prisioneiros sucumbindo diante do despotismo cruel dos soldados nazistas. Viu outros sendo empurrados para dentro de comboios superlotados, em direção às câmaras de gás. Sem roupa, sem pão, sem liberdade e sem dignidade, atormentado pelo frio e pela fome, pelo pânico e pela dor, e ele viu as pessoas sendo chutadas e esbofeteadas até a morte. Os prisioneiros eram submetidos a toda sorte de trabalhos forçados, e os sacrifícios mais heróicos eram feitos apenas para disputar uma concha mais cheia de uma sopa rala que lhes dava a esperança de se manterem vivos.[90] A fome é uma necessidade real. O pão é uma questão de sobrevivência. Semelhantemente, aqueles que pertencem ao Reino de Deus têm fome e sede de justiça. Há uma ânsia por Deus que consome as entranhas da sua alma.

Thomas Watson faz distinção entre a fome de Deus e o apetite hipócrita.[91] O hipócrita não deseja Deus, mas apenas as Suas bênçãos. É como Balaão, que queria morrer a morte dos justos, mas não estava disposto a viver a vida dos justos (Nm 23.10).[92] O apetite do hipócrita é condicional. Ele quer Jesus, mas também tem apetite pelo pecado. Ama Jesus, mas também ama as riquezas. Olha para Jesus, mas também tem os olhos cheios de cobiça. Quer ser amigo de Jesus, mas também do mundo. Os desejos do hipócrita são fora de tempo. As cinco virgens loucas desejaram entrar nas bodas tarde demais. Elas queriam o noivo, mas não se prepararam para encontrá-lo. Elas bateram à porta, mas não puderam entrar.

O apetite é um desejo constante. Comemos pão hoje e temos fome de novo amanhã. Saciamo-nos pela manhã e à noite

---

[90] FRANKL, Victor. Em busca de sentido. São Leopoldo: Sinodal, 1997, p. 36.

[91] WATSON, Thomas. The beatitudes, p. 129-131.

[92] LLOYD-JONES, Martyn. Estudos no Sermão do Monte, p. 81.

A FELICIDADE DAQUELES QUE TÊM FOME E SEDE DE JUSTIÇA 73

clamamos novamente por pão. Matamos a sede agora e, logo depois, sofregamente, procuramos água. Assim se dá com respeito às coisas espirituais. Temos fome de Deus e somos saciados. No entanto, queremos mais. Sempre mais. Queremos mais do Seu amor, da Sua graça, do Seu poder. Somos como Moisés. Ele conheceu a Deus na sarça ardente. Ele conheceu os milagres de Deus no Egito. Ele viu Deus tirando o Seu povo do Egito com mão forte e poderosa. Ele viu o Mar Vermelho abrindo-se e tornando-se estrada seca diante dos seus pés. Ele viu Deus tirando água da rocha e fazendo chover maná do céu. Ele viu o dedo de Deus escrever em letras de fogo os Dez Mandamentos na pedra. Ele, porém, queria mais de Deus e clamou: "Senhor, mostra-me a tua glória" (Êx 33.18)! Esta fome e esta sede continuam e aumentam no simples fato de saciá-la. Quanto mais você se alimenta de Deus, mais tem fome de Deus. O rei Davi disse: "A minha alma tem sede do Deus vivo" (Sl 42.2). Isaías proclama: "Com minha alma suspiro de noite por ti e, com o meu espírito dentro de mim, eu te procuro diligentemente..." (Is 26.9).

O apetite é um desejo intenso. O que pode ser mais intenso do que a fome e a sede? Essa é a necessidade mais básica e mais urgente da vida. Victor Frankl, em sua milagrosa sobrevivência no campo de concentração nazista, disse que o principal assunto dos prisioneiros nas noites geladas e cheias de inquietação e medo não era a liberdade, riqueza, política, mas a comida. Na ânsia da sobrevivência, alguns prisioneiros chegaram ao ponto de comer carne humana.

Não basta ter fome, é preciso estar morrendo de fome para que a busca do pão seja a mais urgente prioridade da nossa vida.[93] Enquanto o filho pródigo estava com fome, foi buscar as alfarrobas dos porcos, mas, quando estava morrendo de fome, buscou

---

[93] LLOYD-JONES, Martyn. Estudos no Sermão do Monte, p. 73.

74 A FELICIDADE AO SEU ALCANCE

a casa do pai e ali encontrou pão com fartura. Oh, que Deus nos mande uma fome assim de justiça! O profeta Amós bradou: "Eis que vêm dias, diz o Senhor Deus, em que enviarei fome sobre a terra, não de pão, nem sede de água, mas de ouvir as palavras do Senhor" (Am 8.11). Que o desejo de ter uma vida certa com Deus seja como uma sede desesperadora em nosso coração. Oh, que possamos dizer como Davi: "Ó Deus, tu és o meu Deus forte; eu te busco ansiosamente; a minha alma tem sede de ti; meu corpo te almeja, como terra árida, exausta, sem água" (Sl 63.1). Diz ele ainda: "A minha alma anseia pelo Senhor mais do que os guardas pelo romper da manhã" (Sl 130.6). Martyn Lloyd-Jones faz o seguinte relato:

Leia a respeito das vidas de Lutero, Calvino e João Knox, ou as Confissões de Agostinho. Leia acerca das vidas de alguns dos mais destacados puritanos, ou acerca da vida do grande Pascal. Leia sobre as vidas daqueles poderosos homens de Deus, duzentos anos no passado, durante o grande despertamento evangelizador; por exemplo, o primeiro volume do diário de John Wesley ou a espantosa biografia de George Whitefield. Leia a vida de John Fletcher, de Madeley. Falta-me tempo para mencionar todos eles: tem havido homens que usufruíram dessa plenitude, cujas vidas santas foram uma comprovação da mesma.[94]

O apetite é um desejo insubstituível. Se uma pessoa está desesperadamente faminta, não adianta você oferecer a ela entretenimento. Uma boa música não pode aplacar a fome estonteante. Colocar pratos de porcelana sobre a mesa, com talhares de prata e taças de cristal, não acalma um estômago fuzilado pela fome. Nada substitui o pão e a água. Assim também nada substitui

---

[94] LLOYD-JONES, Martyn. Estudos no Sermão do Monte, p. 80

A FELICIDADE DAQUELES QUE TÊM FOME E SEDE DE JUSTIÇA 75

Deus para a alma daquele que tem fome e sede de justiça. Nada substitui a salvação em Cristo. As oferendas do mundo não podem satisfazer um coração sedento de Deus. O rei Salomão buscou a felicidade no fundo de uma garrafa. Entregou-se à bebida, buscando nela o preenchimento do seu vazio. No entanto, ele descobriu que no fundo da garrafa não estava o prazer, mas o desgosto; não a liberdade, mas a escravidão. Então Salomão mudou o rumo da sua busca e tentou encontrar a felicidade no dinheiro. Tornou-se rico e opulento. Amealhou riquezas e acumulou muitos bens. O dinheiro, porém, também não o satisfez. Isso também era vaidade. Frustrado, Salomão buscou a felicidade nos prazeres do sexo. Teve mil mulheres, setecentas princesas e trezentas concubinas. Entretanto, as conquistas e aventuras sexuais só lhe trouxeram decepção. Então, finalmente, ele buscou a felicidade no sucesso. Tornou-se um homem famoso, mundialmente conhecido por sua cultura, riqueza e empreendimentos. Ao chegar ao topo dessa pirâmide, descobriu que lá não estava a felicidade. Tudo era vaidade, bolha de sabão (Ec 2.1-11). Só quando ele se voltou para Deus é que encontrou o significado da vida (Ec 12.13).

Jesus diz que bem-aventurado é aquele que tem fome e sede de justiça, e não aquele que tem fome e sede de uma dezenas de coisas. Precisamos ser específicos em nosso apetite. Precisamos ter fome e sede de justiça! Precisamos ter fome de Deus e não de coisas. Precisamos ter fome das iguarias de Deus e não das alfarrobas do mundo.

John MacArthur alerta para o fato de muitos cristãos terem fome de outras coisas e não fome e sede de justiça. Leiamos seu relato:

Muitos cristãos estão atrás de algum tipo de êxtase. Querem uma experiência, um sentimento espiritual. As pessoas correm para seminários, conferências e conselheiros tentando conseguir alguma viagem espiritual, mas não é isso que deveriam buscar.

76 A FELICIDADE AO SEU ALCANCE

Tentam encontrar a felicidade, sem encarar o fato de que a felicidade é uma conseqüência do ter fome e sede de justiça.[95]

As bênçãos destinadas aos que têm apetite espiritual

Duas bênçãos são destinadas aos que têm fome e sede de justiça: eles são saciados e felizes. A palavra que Jesus usou para bem-aventurados é novamente *makarios*. Refere-se ao mais elevado bem-estar possível para o ser humano. Era o texto que os gregos usavam para exprimir o tipo de existência feliz dos deuses.[96] A felicidade que Jesus dá é verdadeira. Só ela nos satisfaz. Jesus é o pão da vida, e não um alimento ilusório. Ele é fonte da água da vida, e não uma fonte de águas amargas. O Diabo, porém, é um embusteiro, e o pecado, uma fraude. O Diabo promete liberdade e escraviza. Promete prazer e dá desgosto. Promete vida e paga com a morte. Jesus oferece vida plena, abundante e maiúscula para todos aqueles que têm fome e sede de justiça.

Ser cristão é abraçar uma proposta de prazer. Prazer absoluto e superlativo. John Piper diz que o nosso problema não é a busca do prazer, mas o contentamento com um prazer inferior. Deus nos criou para que experimentássemos o maior de todos os prazeres. O hedonismo cristão é o mais elevado e o mais puro, o único digno de ser perseguido. O maior prazer da vida é glorificar a Deus e gozá-lo para sempre. Só na presença de Deus existe plenitude de alegria. Só quando temos fome e sede de Deus é que somos verdadeiramente felizes. A felicidade não está nas coisas, mas em Deus. Ele é a fonte e o conteúdo do mais

---

[95] MacARTHUR Jr., John. O caminho da felicidade, p. 105.

[96] WILLARD, Dallas. A conspiração divina. São Paulo: Mundo Cristão, 2001, p. 144.

A FELICIDADE DAQUELES QUE TÊM FOME E SEDE DE JUSTIÇA 77

excelso prazer. Aqueles que sorvem dessa fonte inexaurível são saciados. Aqueles que se abastecem nessa fonte bebem a largos sorvos a água da vida, a felicidade eterna. Que bênçãos são destinadas aos que têm fome de Deus? Em primeiro lugar, *são saciados com uma bênção singular*. Quando uma pessoa tem fome de pão, ela come pão, mas volta a ter o estômago vazio. Quando uma pessoa tem sede, ela bebe água, mas volta a ter as entranhas secas. Aquele que tem fome e sede de Deus é saciado, embora jamais deixe de continuar ansiando por Deus. Lenski afirma: "Esta fome e esta sede continuam e, na verdade, aumentam no simples ato de saciá-las".[97] John MacArthur Jr. vê esse fato como um grande paradoxo: satisfeito, mas nunca saciado.[98]

Muitas pessoas têm fome de bens materiais, mas ninguém pode satisfazer sua alma com bens materiais. O mais rico dos homens não conseguiu ser tão rico como gostaria de ter sido. Os homens têm tentado satisfazer seu coração com as possessões do mundo: eles compram casas e mais casas, carros e mais carros, fazendas e mais fazendas, cidades e mais cidades, até terem a sensação de que são os únicos donos da terra, mas ninguém conseguiu satisfazer a sua alma com as coisas da terra.

Alexandre, o Grande, conquistou todo o mundo da sua época e morreu chorando por não ter mais terras para conquistar. Deus colocou a eternidade no coração do homem, e coisas materiais não preenchem esse vazio. Jesus chamou de louco o homem que pensou que poderia alimentar a sua alma com bens materiais (Lc 12.20). Só Jesus satisfaz a nossa alma. Ele mesmo disse: "Eu sou o pão da vida; o que vem a mim jamais terá fome; e o que crê em mim jamais terá sede" (Jo 6.35).

---

[97] LENSKI R. C. The Interpretation of Matthew's Gospel, 1943, p. 189.

[98] MacARTHUR Jr., John. O caminho da felicidade, 2001, p. 109.

78 A FELICIDADE AO SEU ALCANCE

Em segundo lugar, *são saciados com uma bênção apropriada.* Jesus fala que os que têm fome e sede de justiça serão saciados de justiça. Eles desejam justiça e terão justiça. Desejam Deus e terão Deus. Desejam um novo coração e terão um novo coração. Desejam ser guardados do pecado e serão guardados do pecado. Desejam ser perfeitos e serão aperfeiçoados. Desejam viver onde o pecado não entra e serão arrebatados para o céu, onde o pecado jamais entrará.

Jesus está ensinando que os famintos de Deus não serão despedidos vazios nem serão decepcionados. Jesus não faz propaganda enganosa. Ele não usa artifícios nem malabarismos para atrair as pessoas com promessas vazias. O que Ele promete, Ele dá. Ele é digno de inteira confiança. Ele promete felicidade e saciedade. Ele promete alegria e satisfação. Ele promete plenitude e a dá a todos quantos têm fome e sede de justiça. Entretanto, ninguém jamais será satisfeito sem antes ter fome e sede.

Em terceiro lugar, *são saciados com uma bênção abundante.* O que Cristo promete não é apenas uma refeição imediata ou provisória, mas uma satisfação completa e eterna. Aquele que tem fome e sede de justiça será farto agora e na eternidade, na terra e também no céu. Jesus disse: "Aquele, porém, que beber da água que eu lhe der nunca mais terá sede, pelo contrário, a água que eu lhe der será nele uma fonte a jorrar para a vida eterna" (Jo 4.14).

A provisão de Deus é abundante. Quando comemos o pão da vida e bebemos a água da vida recebemos tudo o que necessitamos para uma vida plena no tempo e na eternidade. Em Cristo somos completos e perfeitos. Nele recebemos graça sobre graça. Nele somos abençoados com toda a sorte de bênçãos espirituais. Não apenas nossos pecados são perdoados, mas também somos justificados por Deus mediante a fé. Somos feitos filhos e herdeiros de Deus. Tornamo-nos co-participantes da sua natureza divina. Cristo passa a habitar em nós, garantindo-nos a esperança da glória. O Espírito Santo passa a habitar em nós, como selo e penhor, garantindo-nos o resgate final. Somos guardados por Deus para sempre. Então, receberemos um novo corpo e viveremos no novo céu e na nova terra. Receberemos uma herança incorruptível e gloriosa. Reinaremos com Cristo para sempre e celebraremos por toda a eternidade o seu glorioso nome.

Se você não tiver fome e sede de Deus agora, terá fome e sede dele tarde demais. Agora você pode ser saciado, mas então jamais o será. O homem rico morreu e foi para o inferno e, em tormento, clamou por uma gota de água e até isso lhe foi negado (Lc 16.24). Aquele que não tiver fome e sede de justiça agora terá sede de misericórdia na eternidade, mas será tarde demais. Aquele que não tiver fome e sede de justiça agora sofrerá fome e sede para sempre, sem jamais ser saciado.

O calor aumenta a sede. Quando as pessoas estiverem queimando no inferno, sob o fogo da ira de Deus, esse calor aumentará a sua sede por misericórdia, mas não haverá sequer uma gota de água para saciar essa sede.

No entanto, se tiver fome e sede de justiça agora, você será feliz agora e eternamente. Você será satisfeito agora e eternamente. "Bem-aventurados os que têm fome e sede de justiça, porque serão fartos."

Capítulo 5

A FELICIDADE DOS MISERICORDIOSOS

(MT 5.7)

AS QUATRO PRIMEIRAS BEM-AVENTURANÇAS tratam da nossa relação diante de Deus. Esta fala da nossa ação diante dos homens. As primeiras tratam da questão do ser, esta progride para a questão do fazer. Martyn Lloyd-Jones diz que o evangelho cristão coloca toda a sua ênfase sobre a questão do ser, e não sobre a questão do fazer. O evangelho dá muito maior importância às nossas atitudes do que às nossas ações.[99] Depois de lançar os alicerces do *ser* estamos agora, prontos a examinar a questão do *fazer*. No cristianismo o ser vem antes do fazer. Quem é, faz. A fé sem obras é morta (Tg 2.17).

John MacArthur diz que as quatro primeiras bem-aventuranças são princípios totalmente interiores, tratando da maneira como você se vê diante de Deus. Esta quinta bem-aventurança, embora também seja uma atitude interior, começa a se ampliar e atingir as outras. Esta bem-aventurança é o fruto das outras quatro. Quando

---

[99] LLOYD-JONES, Martyn. Estudos no Sermão do Monte, p. 88.

82 A FELICIDADE AO SEU ALCANCE

estamos abatidos como mendigos no espírito, quando choramos, quando somos mansos e quando temos fome e sede de justiça, o resultado é que somos misericordiosos para com os outros. As quatro primeiras bem-aventuranças são atitudes interiores, e as últimas quatro são manifestações dessas atitudes.[100]

Os romanos não consideravam a misericórdia uma virtude, mas uma enfermidade da alma.[101] Vivemos em um tempo no qual a misericórdia parece ter desaparecido da terra. Essa, porém, não é uma constatação nova. Os judeus eram tão cruéis quanto os romanos. Eram orgulhosos, egocêntricos, hipócritas e acusadores. Hoje pensamos que, se formos misericordiosos, as pessoas acabarão por nos explorar ou avançar no nosso pescoço.

Nesta bem-aventurança Jesus afirmou que a misericórdia é tanto um dever como uma recompensa. Os misericordiosos alcançarão misericórdia.

Se o misericordioso é abençoado, há uma maldição para aquele que não exerce misericórdia (Sl 109.6-16).

O que é ser uma pessoa misericordiosa?

Vejamos alguns pontos importantes:

Em primeiro lugar, *o conceito bíblico de misericórdia*. Misericórdia é lançar o coração na miséria do outro e estar pronto em qualquer tempo para aliviar a sua dor. A palavra hebraica para misericórdia é *chesed*: "a capacidade de entrar em outra pessoa até que praticamente podemos ver com os seus olhos, pensar com sua mente e sentir com o seu coração. É mais do que sentir piedade por alguém.[102]

---

[100] MacARTHUR Jr., John. O caminho da felicidade, p. 115.

[101] MacARTHUR Jr., John. O caminho da felicidade, p. 117.

[102] BARCLAY, William. Mateo I, p. 112.

A FELICIDADE DOS MISERICORDIOSOS 83

Richard Lenski diz que o subsantivo grego *eleos*, "misericórdia", sempre trata da dor, da miséria e do desespero, que são resultados do pecado. A misericórdia sempre concede alívio, cura e ajuda.[103] Misericórdia é ver uma pessoa sem alimento e lhe dar comida, é ver uma pessoa solitária e lhe fazer companhia. É atender às necessidades, e não apenas senti-las.

O maior exemplo de misericórdia foi demonstrado por Jesus. Ele curou os doentes, alimentou os famintos, abraçou as crianças, foi amigo dos pecadores, tocou os leprosos. Ele fez com que os solitários se sentissem amados. Ele consolou os aflitos, perdoou os pecadores e restaurou os que haviam caído em opróbrio.

O apóstolo Paulo disse que exercer misericórdia com os necessitados é uma graça que Deus nos dá em vez de um favor que fazemos às pessoas (2Co 8.1-5). Jesus afirmou que mais bem-aventurado é dar do que receber (At 20.35).

Em segundo lugar, *a fonte da misericórdia*. A misericórdia não é uma virtude natural. Por natureza o homem é mau, cruel, insensível, egoísta, incapaz de exercer a misericórdia. Você precisa nascer de novo antes de ser misericordioso. Você precisa de um novo coração, antes de ter um coração misericordioso. Deus é o Pai das misericórdias (2Co 1.3). Dele procede toda misericórdia. Quando a exercemos, exercemo-la em Seu nome, por Sua força e para Sua glória.

Os vários tipos de misericórdia

Thomas Watson fala de vários tipos de misericórdia.[104] Destacamos alguns deles a seguir.

---

[103] LENSKI, Richard C. H. The interpretation of St Matthew's Gospel. Augsburg, 1964, p. 191.

[104] WATSON, Thomas. The beatitudes, p. 144,145.

84 A FELICIDADE AO SEU ALCANCE

Em primeiro lugar, *a misericórdia deve ser estendida à alma dos outros.* É como uma esmola espiritual. Essa é a principal das misericórdias. A alma é a coisa mais preciosa que um homem tem. Jesus alertou que não devemos temer aqueles que podem matar o corpo, mas não a alma (Mt 10.28). A alma é como um rico diamante em um anel de barro. Nela está timbrada a imagem de Deus. Não somos um corpo que tem uma alma, mas uma alma que tem um corpo. O nosso corpo não sobrevive sem a alma, mas a alma sobrevive sem o corpo. Quando demonstramos misericórdia com a alma das pessoas, manifestamos a mais pura e a mais importante misericórdia.

Como podemos demonstrar misericórdia com a alma dos outros?

Chorando por ela. Agostinho dizia que, se nós choramos pelo corpo morto, de onde a alma partiu, quanto mais deveríamos chorar pela alma que se apartou de Deus! O anestesiamento espiritual que nos impede de chorar por aqueles que perecem é um adiantado estado de decadência espiritual da nossa geração. Choramos por coisas banais, e não lamentamos pelas verdadeiras causas espirituais. Jesus chorou sobre a impenitente cidade de Jerusalém. Paulo chorava ao ver a dureza dos corações. Davi pranteava pelo fato de os homens não obedecerem à lei de Deus.

Advertindo os pecadores. Exortar os pecadores por causa da tenebrosa condição espiritual em que se encontram é um profundo ato de misericórdia. Ficaríamos calados se víssemos alguém caindo em um abismo ou sendo devorado pelo fogo sem avisá-lo? Aqueles que se calam em nome da misericórdia têm uma misericórdia falsa e cruel. Quando o cirurgião corta e lanceta a carne, tem por finalidade a cura, e não a morte. Esses instrumentos curam as feridas. A ferida do amigo é melhor do que a bajulação do ímpio. Devemos salvar as pessoas que estão indo para o morte e livrá-las do fogo (Jd 23). É melhor ser alertado sobre o inferno do que ir para o inferno.

A FELICIDADE DOS MISERICORDIOSOS 85

Chamando os pecadores ao arrependimento. Jesus, João Batista, Pedro, Paulo, os pais da igreja, os reformadores chamaram as pessoas ao arrependimento. Isso é um ato de misericórdia. A mensagem do arrependimento está fora de moda no mundo contemporâneo. Os especialistas dizem que essa pregação não é politicamente correta. Vivemos o tempo do inclusivismo religioso. O entendimento contemporâneo é que não existe verdade objetiva, ou seja, nenhuma religião pode sobrepor-se às demais. Cada um tem sua verdade e sua religião. A evangelização é vista nesse contexto como proselitismo. Assim, cada um deve seguir o seu caminho sem ser confrontado.

Em segundo lugar, *devemos ser misericordiosos com o nome dos outros.* O bom nome vale mais do que riquezas (Pv 22.1). Esta é uma das maiores bênçãos sobre a terra. Nenhuma pérola é mais bela do que esta para adornar nossa vida. A Bíblia, no entanto, diz que a garganta do ímpio é como um sepulcro que enterra o bom nome das pessoas (Rm 3.13). É uma grande crueldade destruir o nome de uma pessoa. Thomas Watson diz que os fundamentos dessa falta de misericórdia são o orgulho e a inveja.[105] O orgulho não aceita que outros brilhem. O orgulho se entristece com a vitória do outro. O orgulho sempre tenta diminuir a reputação dos outros. O orgulho reflete a lenda da cobra e do vaga-lume. A cobra queria destruir o vaga-lume porque não tolerava vê-lo brilhar. A inveja, por sua vez, é o desejo maligno de ter o que é do outro ou ocupar a posição que ele ocupa. O invejoso é aquele que deseja o que é do outro, o lugar do outro, a reputação do outro; e se entristece não apenas por aquilo que não tem, mas também por aquilo que o outro tem. Eliabe se irou com Davi porque este se dispôs a enfrentar o gigante Golias, de quem Eliabe e seus pares estavam fugindo havia oitenta dias. A

---

[105] WATSON, Thomas. The beatitudes, p. 147,148.

86 A FELICIDADE AO SEU ALCANCE

coragem de Davi denunciou a covardia de Eliabe. A vitória de Davi era a derrota de Eliabe (1Sm 17.28-30).

Segundo Thomas Watson, há várias maneiras de as pessoas manifestarem essa falta de misericórdia com o nome das pessoas.[106]

Quando expomos os pecados das pessoas – O amor cobre multidão de pecados, mas a falta de misericórdia tem um prazer mórbido de espalhar o pecado dos outros. Quem não tem misericórdia espalha boatos falsos e maledicentes. São caluniadores. A palavra grega para caluniador é *diabolos* (1Tm 3.11). Há pessoas que agem como o urubu, têm uma atração mórbida por aquilo que cheira mal. A maneira mais aviltante de elogiarmos a nós mesmos é criticar os outros. A maneira mais degradante de nos exaltarmos é rebaixar os outros. A maneira mais hipócrita de ostentarmos uma pretensa santidade é espalhar os pecados dos outros.

Quando passamos adiante o que ouvimos dos caluniadores – A Bíblia nos exorta: "Não andarás como mexeriqueiro entre o teu povo; não atentarás contra a vida do teu próximo" (Lv 19.16). Somos proibidos de levantar falso testemunho e também de espalhá-los. Deus diz: "Não espalharás notícias falsas, nem darás mão ao ímpio, para seres testemunha maldosa" (Êx 23.1). O pecado que a alma de Deus mais abomina é a língua que espalha contendas entre os irmãos (Pv 6.19). Há pessoas que são canais de boataria. Levam e trazem comentários maledicentes e assim espalham intrigas e contendas. Essas pessoas são uma espécie de rádio peão, de correio pirata, de agenciadores da maledicência. Em vez de serem pacificadores, são criadores de problemas. Em vez de apagar o fogo das intrigas, jogam combustível para inflamar ainda mais as chamas das querelas.

---

[106] WATSON, Thomas. The beatitudes, p. 148-150.

A FELICIDADE DOS MISERICORDIOSOS 87

Quando diminuímos o valor e a dignidade das pessoas – Falta-nos misericórdia quando ressaltamos as falhas, e não destacamos as virtudes das pessoas; quando não somos equilibrados em nosso juízo sobre as pessoas. Tornamo-nos cruéis quando distorcemos os fatos e atacamos a imagem das pessoas. Tiago diz que não devemos falar mal uns dos outros (Tg 4.11). Quando falamos mal do povo de Deus, estamos falando mal do próprio Deus, pois somos a menina dos seus olhos. Doegue, o soldado de Saul, por meio de seu comentário tendencioso, colocou em dúvida a reputação do sacerdote de Nobe. O veneno de sua língua maldita induziu Saul a praticar uma chacina naquela cidade (1Sm 22.6-19).

Quando nos silenciamos diante da calúnia às outras pessoas – Quando os discípulos foram acusados no Pentecoste de estarem bêbados, Pedro se levantou para defendê-los (At 2.15). Ser misericordioso implica defender os direitos das outras pessoas. Martin Luther King Jr. disse que a maior tragédia do mundo não é a ação dos maus, mas o silêncio e a omissão dos bons.

Em terceiro lugar, *devemos ser misericordiosos com aqueles que já estão feridos.* Jesus não esmaga a cana quebrada nem apaga a torcida que fumega (Mt 12.20). É fácil bater em quem já está caído. É fácil pisar naqueles que já estão no chão. Os escribas arrastaram uma mulher e a jogaram aos pés de Jesus. Eles queriam que ela fosse apedrejada. Entretanto, Jesus, em vez de condená-la, perdoou-a e restaurou-a (Jo 8.1-11). O samaritano pegou o judeu caído e ferido, pensou suas feridas, colocou-o em sua cavalgadura e tratou dele (Lc 10.31-35). Isso é misericórdia!

Em quarto lugar, *devemos ser misericordiosos com aqueles que nos ofendem.* Estêvão, quando apedrejado, orou: "Senhor Jesus, não lhes imputes esse pecado" (At 7.60). A Bíblia diz que devemos abençoar os nossos inimigos e orar por eles. Se o nosso inimigo tiver fome, devemos dar-lhe de comer, se tiver sede, devemos dar-lhe de beber. O misericordioso perdoa as ofensas. Ele não registra mágoas. Ele não guarda rancor. Ele não armazena

88   A FELICIDADE AO SEU ALCANCE

ira. Ele perdoa. Ele vence o mal com o bem. Quem não perdoa não pode ofertar, não pode adorar, não pode ser perdoado. Quem não perdoa adoece, é flagelado pelos verdugos da consciência e jamais receberá misericórdia. "O juízo é sem misericórdia para aquele que não exerce misericórdia" (Tg 2.13).

Em quinto lugar, *devemos ser misericordiosos com os necessitados*. Devemos acudir ao necessitado. Davi diz: "Bem-aventurado o que acode ao necessitado; o Senhor o livra no dia do mal. O Senhor o protege, preserva-lhe a vida e o faz feliz na terra; não o entrega à discrição dos seus inimigos. O Senhor o assiste no leito da enfermidade; na doença, tu lhe afofas a cama" (Sl 41.1-3).

Devemos ter uma terna compaixão pelos necessitados. A Bíblia diz: "...se abrires a tua alma ao faminto e fartares a alma aflita, então, a tua luz nascerá nas trevas, e a tua escuridão será como o meio-dia" (Is 58.10).

Devemos ser liberais na contribuição. O Senhor declara: "Quando entre ti houver algum pobre de teus irmãos, em alguma das tuas cidades, na tua terra que o Senhor, teu Deus, te dá, não endurecerás o teu coração, nem fecharás as tuas mãos a teu irmão pobre; antes, lhe abrirás de todo a tua mão e lhe emprestarás o que lhe falta, quanto baste para a sua necessidade" (Dt 15.7,8). Deus providenciou várias leis para cuidar dos pobres: nas colheitas, não se podia apanhar o que caía no chão; isso era reservado aos pobres. Paulo exorta os ricos: "... pratiquem o bem, sejam ricos de boas obras, generosos em dar e prontos a repartir" (1Tm 6.18).

Razões para sermos misericordiosos

Recorremos mais uma vez a Thomas Watson. Ele elenca algumas razões para sermos misericordiosos:[107]

---

[107] WATSON, Thomas. The beatitudes, p. 162-165.

A FELICIDADE DOS MISERICORDIOSOS 89

Em primeiro lugar, *devemos ser misericordiosos porque a prática das boas obras é o grande fim para o qual fomos criados* (Ef 2.10). O apóstolo Paulo diz: "Pois somos feitura dele, criados em Cristo Jesus para as boas obras, as quais Deus de antemão preparou para que andássemos nelas". Todas as criaturas cumprem o papel para o qual foram criadas: as estrelas brilham, os pássaros cantam, as plantas produzem segundo a sua espécie. O propósito da vida é servir. Aquele que não cumpre a missão para a qual foi criado é inútil.

Em segundo lugar, *devemos ser misericordiosos porque, pela prática da misericórdia, refletimos o caráter de Deus, que é misericordioso.* "Sede misericordiosos como também é misericordioso vosso Pai" (Lc 6.36). Deus é o Pai de toda a misericórdia (2Co 1.3). Deus se deleita na misericórdia (Mq 7.18). As Suas ternas misericórdias estão sobre todas as Suas obras (Sl 145.9). Quando você demonstra misericórdia, você reflete Deus em sua vida. Dia após dia, você recebe as misericórdias de Deus. Cada vez que você respira, cada pedaço de pão que você come e cada copo de água que você bebe. Quão ricas são as misericórdias de Deus em sua vida: ele o perdoou, o justificou, o adotou e o selou para o dia da redenção. As misericórdias de Deus são a causa de não sermos consumidos. Elas se renovam a cada manhã.

Em terceiro lugar, *devemos ser misericordiosos porque a demonstração de misericórdia é um sacrifício agradável a Deus.* A Bíblia diz: "Não negligencieis, igualmente, a prática do bem e a mútua cooperação; pois, com tais sacrifícios, Deus se compraz" (Hb 13.16). Quando você abre a mão para ajudar o necessitado é como se você estivesse adorando a Deus. O anjo do Senhor disse a Cornélio: "Cornélio [...] as tuas orações e as tuas esmolas subiram para memória diante de Deus" (At 10.4). A prática da misericórdia é uma liturgia que agrada o coração de Deus. Dar pão ao que tem fome, vestir o nu, visitar o enfermo e o preso, e acolher o forasteiro, isso equivale a servir ao próprio

90 A FELICIDADE AO SEU ALCANCE

Senhor Jesus (Mt 25.31-46). Segundo João Batista, repartir pão e vestes é uma maneira concreta de demonstrar o verdadeiro arrependimento.

Em quarto lugar, *devemos ser misericordiosos porque um dia daremos conta da nossa administração*. A Bíblia diz que somos mordomos e um dia compareceremos perante o tribunal de Deus para prestar contas da nossa administração (Lc 16.2). É um grande perigo fechar as mãos aos necessitados. No dia do juízo, os homens serão julgados pelo que deixaram de fazer aos necessitados: "Apartai-vos de mim [...] porque tive fome e não me destes de comer; tive sede, e não me destes de beber; sendo forasteiro, não me hospedastes; estando nu, não me vestistes; achando-me enfermo e preso, não fostes ver-me" (Mt 25.41-43).

As recompensas prometidas aos misericordiosos

A Palavra de Deus nos fala sobre algumas recompensas que os misericordiosos receberão.

Em primeiro lugar, *eles receberão de Deus o que deram aos outros*. John MacArthur destaca o fato de que a recompensa da misericórdia não virá daqueles a quem ela foi ministrada, mas de Deus. Jesus Cristo foi a pessoa mais misericordiosa que já existiu, e o povo clamou pelo Seu sangue. Jesus não recebeu misericórdia alguma das pessoas a quem distribuiu misericórdia. Dois sistemas impiedosos, o romano e o judeu, se uniram para matá-lo. A misericórdia da qual se fala aqui não é uma virtude humana que traz sua própria recompensa. Não é esta a idéia. Então, o que o Senhor está querendo dizer? Simplesmente o seguinte: Sejam misericordiosos para com os outros, e Deus será misericordioso para com vocês. Deus é o sujeito da segunda frase.[108]

---

[108] MacARTHUR Jr., John. O caminho da felicidade, p. 118.

A FELICIDADE DOS MISERICORDIOSOS 91

Eles receberão de Deus exatamente o que deram aos outros. Eles manifestam aos outros misericórdia, e de Deus recebem misericórdia. Não são os outros que lhes recompensarão com misericórdia, mas Deus. O misericordioso abre as torneiras celestiais sobre a sua cabeça. Ele abre os celeiros do céu para abastecer a sua própria alma. Ser misericordioso não é o meio de ser salvo, mas é o meio de demonstrar que se está salvo pela graça. John Stott esclarece melhor este ponto, nas seguintes palavras:

Não que possamos merecer a misericórdia através da misericórdia, ou o perdão através do perdão, mas porque não podemos receber a misericórdia e o perdão de Deus se não nos arrependermos, e não podemos proclamar que nos arrependemos de nossos pecados se não formos misericordiosos para com os pecados dos outros. Assim, ser manso é reconhecer diante dos outros que nós somos pecadores; ser misericordioso é ter compaixão pelos outros, pois eles também são pecadores.[109]

Em segundo lugar, *eles serão recompensados nesta vida*. Que bênçãos o misericordioso recebe? Thomas Watson aponta algumas dessas bênçãos, como segue:[110] Ele será abençoado em sua pessoa. "Bem aventurado aquele que acode ao necessitado" (Sl 41.1). Ele será abençoado em seu nome. "Ditoso é o homem que se compadece e empresta... não será jamais abalado; será tido em memória eterna" (Sl 112.5,6). Ele será abençoado em sua prosperidade. "A alma generosa prosperará e a quem dá a beber será dessedentado" (Pv 11.25). Ele será abençoado em sua posteridade. "É sempre compassivo e empresta, e a sua

---

[109] STOTT, John R. W. Contracultura cristã – a mensagem do Sermão do Monte, p. 38.

[110] WATSON, Thomas. The beatitudes, p. 166,167.

92 A FELICIDADE AO SEU ALCANCE

descendência será uma bênção" (Sl 37.26). Não apenas ele é abençoado, mas seus filhos depois dele também o serão. Ele será abençoado com vida longa. "Bem-aventurado o que acode ao necessitado. O Senhor o livra no dia do mal. O Senhor o protege, preserva-lhe a vida e o faz feliz na terra" (Sl 41.1,2). Ele ajuda os outros a viver e Deus lhe preserva e dilata a vida.

Em terceiro lugar, *eles serão recompensados na vida por vir.* Não são as nossas boas obras que nos levam ao céu; nós é que as levamos para o céu (Ap 14.13). A salvação é pela fé sem as obras, mas a fé salvadora nunca vem só. A fé nos justifica diante de Deus, as obras nos justificam diante dos homens. Receberemos galardão no céu até por um copo de água fria que dermos a alguém em nome de Jesus. A Bíblia diz: "Quem se compadece do pobre ao Senhor empresta, e este lhe paga o seu benefício" (Pv 19.17). Jesus diz: "Dai, e dar-se-vos-á; boa medida, recalcada, sacudida, transbordante, generosamente vos darão" (Lc 6.38). No dia do juízo, Jesus dirá aos que estiverem à Sua direta: "Vinde benditos de meu Pai, entrai na posse do Reino que vos está preparado desde a fundação do mundo, porque eu tive fome e me deste de comer..." (Mt 25.34-40).

John MacArthur alerta para um fato importante: a misericórdia que manifestamos às pessoas não é meritória. Algumas pessoas pensam que ser misericordioso é o meio de ser salvo. Este é o erro do romanismo, ao pensar que Deus está satisfeito e concede misericórdia quando realizamos obras misericordiosas. Este ponto de vista fez surgir monastérios, conventos e tudo o que está relacionado a eles. Este, porém, não é o caminho para alcançar a salvação. Não obtemos misericórdia por mérito. A misericórdia só se aplica onde não há mérito, ou então não é misericórdia.[111]

---

[111] MacARTHUR Jr., John. O caminho da felicidade, p. 130.

O seu coração é misericordioso? Você sente a dor do outro? Abre-lhe o coração, a mão e o bolso? Você se importa com as almas que perecem? Importa-se com a reputação das pessoas? Você tem usado o que Deus lhe deu para abençoar as pessoas? O mundo tem sido melhor porque você existe?

Capítulo 6

A FELICIDADE DOS PUROS DE CORAÇÃO
(MT 5.8)

SE EXISTE NA BRILHANTE CONSTELAÇÃO das bem-aventuranças uma estrela fulgurante, é esta que vamos considerar agora. Esta bem-aventurança trata da essência da vida cristã. Esse é o alvo final da vida: ver a Deus. Martyn Lloyd Jonas diz que "ver a Deus" é o alvo final de qualquer empreendimento, o propósito mesmo da religião.[112] James Hastings diz que ver a Deus tem sido o último propósito de toda a filosofia, a última esperança de toda a ciência, e permanecerá sendo o último desejo de todas as nações.[113]

Só aqueles que reconhecem sua total carência e choram pelos seus pecados podem ser cheios de Deus e mansos diante dos homens. Só os que reconhecem que são pecadores podem ter coração puro. Os limpos de coração são os inteiramente sinceros. Toda a sua vida pública e particular é transparente diante de Deus e dos homens. O íntimo do seu coração, incluindo pensamentos

---

[112] LLOYD-JONES, Martyn. Estudos no Sermão do Monte, p. 98.

[113] HASTINGS, James. The greats texts of the Bible – St. Matthew, p. 86.

96 A FELICIDADE AO SEU ALCANCE

e motivações, é puro, sem a menor lembrança de qualquer coisa desonesta, dissimulada ou desprezível.[114] John MacArthur diz que os puros de coração não são aqueles que observam a limpeza no exterior. Não são aqueles que participam das cerimônias. Não são aqueles que possuem a religião da realização humana.[115]

Vamos interpretar este texto a partir de suas três expressões principais: coração, pureza, verão a Deus.

Onde a pureza deve ser cultivada?

John Stott diz acertadamente que esta pureza se refere à pureza interior, à qualidade daqueles que foram purificados da imundície moral, em oposição à imundície cerimonial.[116] O professor Tasker define os limpos de coração como "os íntegros, livres da tirania de um 'eu' dividido".[117] Alguns pontos importantes merecem destaque.

Em primeiro lugar, *qual é o sentido bíblico de coração?* O coração é tido como o centro da personalidade. Não indica meramente a sede dos afetos e das emoções. Nas Escrituras, "coração" inclui mente, emoção e vontade. Fala do homem na sua totalidade.[118] Jesus está ressaltando que a pureza deve penetrar em todos os recônditos da nossa vida: nossos pensamentos, emoções, motivações, desejos e vontade. A Bíblia diz: "Sobre tudo o que

---

[114] STOTT, John R. W. Contracultura cristã – a mensagem do Sermão do Monte, p. 39,40.

[115] MacARTHUR Jr., John. O caminho da felicidade, p. 136.

[116] STOTT, John R. W. Contracultura cristã – a mensagem do Sermão do Monte, p. 38.

[117] TASKER, R. V. G. Evangelho Segundo Mateus. São Paulo: Vida Nova, 1980, p. 34.

[118] LLOYD-JONES, Martyn. Estudos no Sermão do Monte, p. 101.

A FELICIDADE DOS PUROS DE CORAÇÃO 97

se deve guardar, guarda o teu coração, porque dele procedem as fontes da vida" (Pv 4.23).

Em segundo lugar, *o coração é a fonte de todas as nossas dificuldades*. Jesus esclareceu: "Porque do coração procedem maus desígnios, homicídios, adultérios, prostituição, furtos, falsos testemunhos, blasfêmias" (Mt 15.19). Martyn Lloyd-Jones alerta para o erro de se pensar que o mal está apenas no meio ambiente.[119] Adão caiu no paraíso, um ambiente perfeito. O profeta Jeremias diz que o coração é enganoso mais do que todas as coisas, e desesperadamente corrupto (Jr 17.9). John Locke, Augusto Comte e Jean Jacques Rousseau estavam equivocados sobre o ser humano. Todos eles negaram a realidade do mal inerente. Para eles, o mal estava nas estruturas, no ambiente, ou seja, fora do homem. O mal, contudo, não vem de fora, mas de dentro do homem. Fomos concebidos em pecado, nascemos em pecado e dentro de nós pulsa um coração carregado de pecado. Sigmund Freud, o pai da psicanálise, diz que os nossos problemas são *alógenos*, isto é, são gerados fora de nós. Jesus, no entanto, diz que os nossos problemas são gerados dentro do nosso coração.

Algumas pessoas tratam com seus pecados como Joquebede tratou seu filho Moisés: 1) escondem seus pecados em um cesto betumado; 2) deixam por um momento seus pecados, mas ficam de olho neles; 3) buscam avidamente seus pecados para alimentá-los. A Palavra de Deus diz que aqueles que encobrem suas transgressões jamais prosperarão, mas os que as confessam e deixam, alcançarão misericórdia (Pv 28.13). Outras pessoas não enxergam seus próprios pecados. São como o fariseu presunçoso que orava assim: "Ó Deus, graças te dou porque não sou como os demais homens [...] nem ainda como este publicano" (Lc 18.11). Deus não autorizou que nos comparássemos com aqueles que

---

[119] LLOYD-JONES, Martyn. Estudos no Sermão do Monte, p. 102.

98 A FELICIDADE AO SEU ALCANCE

estão aquém de nós ou no mesmo nível nosso. A exigência de Deus é: "Sede vós perfeitos como perfeito é o vosso Pai celeste" (Mt 5.48).

Em terceiro lugar, *por que a pureza deve ser principalmente no coração?* Thomas Watson apresenta duas razões.[120]

Porque a pureza exterior pode ser apenas aparente. Deus vê não a aparência, mas o coração. Jesus condenou a hipocrisia dos fariseus que mantinham uma santidade exterior, mas eram internamente impuros. Limpavam o exterior do copo, mas havia sujeira por dentro. Eram como sepulcros caiados (Mt 23.25,27). Os fariseus eram bons apenas na aparência. Por isso Jesus disse: "Se a vossa justiça não exceder em muito a dos escribas e fariseus, jamais entrareis no Reino dos céus" (Mt 5.20). A pureza cerimonial não é suficiente. A pureza exterior pode impressionar os homens, mas não agrada a Deus. Pode arrancar aplausos e admiração dos homens, mas não glorifica a Deus. Um coração puro afasta-se de toda a aparência do mal (1Ts 5.22). Não flerta com o pecado. Não vive na região do perigo. Não espreita a tentação. Ele foge do perigo como José do Egito fugiu da mulher de Potifar. Foge da aparência do mal para não escandalizar os fracos. Foge da aparência do mal para não ser pedra de tropeço para outras pessoas.

Porque o coração é o lugar da morada de Deus. Deus habita no coração. Se o nosso corpo é o templo do Espírito, o coração é o santo dos santos. Deus habita com o abatido e contrito de coração (Is 57.15). O nosso coração é a morada de Deus (Ef 3.17). O coração puro é o paraíso de Deus, onde ele se deleita em habitar. Deus não é inquilino. Deus é dono dessa casa. Ele tem direito de posse, pois comprou essa morada por um alto preço. Ele tem autoridade absoluta nessa morada. Ele tem todas as chaves e pode jogar fora

---

[120] WATSON, Thomas. The beatitudes, p. 174,175.

A FELICIDADE DOS PUROS DE CORAÇÃO 99

dessa casa o que não lhe agrada, como Neemias fez com os móveis de Tobias, e mudar as coisas nessa casa conforme Sua vontade.

O que significa pureza de coração?

Destacamos alguns pontos que merecem nossa atenção. Em primeiro lugar, *vejamos os cinco tipos de pureza, à luz da Bíblia*. Thomas Watson diz que devemos distinguir os vários tipos de pureza que existem na Bíblia.[121] Vejas quais são eles:

Pureza original. É o tipo de pureza que existe apenas em Deus. Ela é tão essencial em Deus como a luz é para o sol. Deus é luz. Não há nele treva nenhuma. A santidade é a essência do seu ser. Todos os seus atributos são santos. Ele é santo, santo, santo. Deus é superlativa, exaustiva, absoluta e eternamente santo. Ele é puro no Seu falar e no Seu julgar.

Pureza criada. Esta é a criação de um ser puro, antes da Queda. Deus criou anjos em pureza, e criou o ser humano em pureza. Alguns anjos e os seres humanos caíram e perderam sua pureza original.

Pureza final. Esta é a categoria de glorificação. No fim dos tempos, todos os salvos serão completamente puros. "Seremos semelhantes a ele, porque haveremos de vê-lo como ele é" (1Jo 3.2). Teremos um corpo de glória. Fomos libertados da condenação do pecado na justificação; estamos sendo libertados do poder do pecado na santificação; mas seremos libertados da presença do pecado na glorificação.

Pureza posicional. Esta é a pureza que temos agora, atribuída a nós, os que cremos, pela justiça de Cristo. Somos puros em Cristo. A Sua justiça foi imputada a nós. Não há mais dívida a ser paga. Nenhuma outra acusação prospera contra nós. Não

---

[121] WATSON, Thomas. The beatitudes, p. 171.

100 A FELICIDADE AO SEU ALCANCE

existe nenhuma condenação sobre nós. Estamos quites com a lei e com a justiça de Deus. John MacArthur está correto quando diz: "Acredite ou não, quando Deus olha para um cristão, Ele diz: Você está reto, completamente limpo, em Cristo".[122]

Pureza prática. Apenas Deus conhece a pureza original. Apenas Deus pode conceder a pureza criada. Algum dia, Deus concederá a todos os santos a pureza máxima. Neste exato momento, todos os santos têm a pureza posicional. Agora, porém, somos desafiados por Deus: "Purifiquemo-nos de toda impureza, tanto da carne como do espírito, aperfeiçoando a nossa santidade no temor de Deus" (2Co 7.1). Jó faz uma pergunta intrigante: "Quem da imundícia poderá tirar coisa pura?" (Jó 14.4). Apenas uma resposta pode ser ouvida: "Deus pode!"

Em segundo lugar, *o sentido bíblico da palavra pureza*. William Barclay fala sobre dois sentidos da palavra grega *kátharos,* "limpos, puros, sem mescla, não adulterado".[123]

O sentido comum. A palavra grega usada aqui, *kátharos,* tem vários significados: 1) Era usada para designar a roupa suja que foi lavada. 2) Era usada para designar o trigo que tinha sido separado da sua palha. Com o mesmo significado, era usada para um exército do qual se tinham eliminado os soldados descontentes ou medrosos. 3) Era usada para descrever o vinho ou leite que não havia sido adulterado mediante adição de água; algo sem mescla. 4) Era usada para o ouro puro sem escória. John MacArthur diz que o termo *kátharos* significa sem mistura, sem fusão, sem adulteração, peneirado ou sem resíduos.[124]

O sentido bíblico. A palavra "limpos" significa: 1) Destituído de hipocrisia. Uma devoção não-dividida. O salmista diz:

---

[122] MacARTHUR Jr., John. O caminho da felicidade, p. 145.

[123] BARCLAY, William. Mateo I, p. 115.

[124] MacARTHUR Jr., John. O caminho da felicidade, p. 143.

A FELICIDADE DOS PUROS DE CORAÇÃO 101

"Dispõe-me o coração para só temer o teu nome" (Sl 86.11). A nossa grande dificuldade é nosso coração dúplice. Uma parte do nosso ser quer conhecer, adorar e agradar a Deus, mas outra porção quer algo diferente. O apóstolo Paulo diz: "Porque no tocante ao homem interior, tenho prazer na lei de Deus; mas vejo nos meus membros outra lei que guerreando contra a lei da minha mente, me faz prisioneiro da lei do pecado que está nos meus membros" (Rm 7.22,23). O coração limpo é o coração que não está dividido. 2) Destituído de contaminação. É um coração sem mácula, puro, íntegro. "Buscai a santificação, sem a qual ninguém verá o Senhor" (Hb 12.14). Desta maneira, poderíamos sintetizar essa bem-aventurança como segue: "Bem-aventurado é o homem cujas motivações são sempre íntegras e sem mescla de mal algum, porque este é o homem que verá a Deus".

Em terceiro lugar, *razões para termos um coração puro*. Concordo com John MacArthur quando ele diz que só existem dois tipos de religião no mundo. Uma é a religião da realização humana, que vem sob todos os rótulos imagináveis, mas todos oriundos do mesmo fundamento; ou seja, você conquista seu próprio caminho. A outra é a religião da realização divina que diz: "Não consigo fazer isto, mas Deus fez isto por mim por intermédio de Cristo".[125] Tendo em vista que só os puros de coração verão a Deus e uma vez que o homem não pode purificar a si mesmo, não é sensato abraçar qualquer outra proposta religiosa que não aquela estabelecida pelo próprio Deus. É Deus quem nos purifica. É o sangue de Cristo que nos limpa de todo o pecado. Uma vez limpos pelo sangue do Cordeiro de Deus, precisamos continuar vivendo uma vida de pureza.

Thomas Watson, garimpando os tesouros da Palavra de Deus, oferece várias razões pelas quais devemos ser puros de coração.[126]

---

[125] MacARTHUR Jr., John. O caminho da felicidade, p. 138.

[126] WATSON, Thomas. The beatitudes, p. 172,173.

102　A FELICIDADE AO SEU ALCANCE

Porque esta é uma ordem de Deus. "Sede santos, porque eu sou santo" (1Pe 1.16). "Porque esta é a vontade de Deus, a vossa santificação" (1Ts 4.3). Pode não ser a expressa vontade de Deus que você seja rico, mas é a clara vontade de Deus que você seja santo. A santidade não é uma opção, mas uma ordem. A pureza de coração não é uma possibilidade, mas uma obrigação. Não ser puro de coração é desobediência a uma ordem expressa de Deus.

Porque a pureza é o propósito da nossa eleição. "Deus nos escolheu em Cristo para sermos santos e irrepreensíveis" (Ef 1.4). Deus nos escolheu não por causa da nossa santidade, mas para a santidade. Deus nos predestinou para sermos conformes a imagem de Jesus (Rm 8.29). A não ser que você seja santo, não terá nenhum sinal da eleição sobre sua vida. A santidade é a evidência da eleição. Não fomos salvos no pecado, mas do pecado.

Porque a pureza é o propósito da nossa redenção. Se nós pudéssemos ir ao céu em nossos pecados, Cristo não precisaria ter morrido na cruz. Cristo nos remiu não no pecado, mas do pecado. Ele morreu na cruz para purificar um povo totalmente Seu (Tt 2.14). Cristo morreu não apenas para nos livrar da ira, mas também do pecado. O rei Davi faz algumas perguntas oportunas: "Quem subirá ao monte do Senhor? Quem há de permanecer no seu santo lugar? O que é limpo de mãos e puro de coração, que não entrega a sua alma à falsidade, nem jura dolosamente. Este obterá do Senhor a bênção e a justiça do Deus da sua salvação" (Sl 24.3-5). John MacArthur diz que Jesus resume o Salmo 24 nesta bem-aventurança.[127]

Em quarto lugar, *por que devemos ter um coração puro?*

Devemos ter um coração puro por amor a nós mesmos. A Bíblia diz que para os puros, todas as coisas são puras (Tt 1.15). Um coração impuro contamina tudo o que faz. Ele vê o mundo

---

[127] MacARTHUR Jr., John. O caminho da felicidade, p. 139.

A FELICIDADE DOS PUROS DE CORAÇÃO 103

escuro à sua volta não por falta de luz, mas por falta de visão. Uma pessoa impura não apenas vive prisioneira de sua impureza, mas pensa mal dos outros, julgando-os com impiedade.

Devemos ter um coração puro por amor a Deus. Deus é santo e nos ordena que sejamos santos (1Pe 1.16). Deus é perfeito e nos ordena que sejamos perfeitos (Mt 5.48). Ele é tão puro de olhos, que não pode contemplar o mal (Hc 1.13). Sem santidade ninguém verá o Senhor (Hb 12.14). Não há comunhão das trevas com a luz e Deus é luz (1Jo 1.5).

Devemos ter um coração puro porque é isto que nos torna parecidos com Deus. Adão foi muito infeliz quando quis ser igual a Deus em Sua onisciência; devemos ser iguais a Deus em Sua santidade. A imagem de Deus em nós consiste em santidade. Se não formos santos, o Senhor nos dirá: "Eu nunca vos conheci".

Em quinto lugar, *como ter um coração puro?* Thomas Watson nos toma pela mão e anda conosco pelos corredores iluminados das Escrituras indicando-nos o caminho seguro para termos um coração puro.[128]

Observando a Palavra de Deus. A Palavra de Deus é pura e nos lava (Jo 15.3). Jesus orou: "Pai, santifica-os na verdade, a tua Palavra é a verdade" (Jo 17.17). A Palavra é como o espelho que mostra a nossa impureza e como a água que nos lava da impureza.

Banhando-nos nas lágrimas do arrependimento. Pedro maculou-se com o seu pecado, negando a Jesus, mas suas lágrimas de arrependimento lavaram-lhe a alma. Maria Madalena lavou os pés de Jesus com suas lágrimas. Com suas lágrimas, ela lavou seu coração e os pés de Jesus. Davi encharcou seu travesseiro com as lágrimas do seu arrependimento.

Purificando-nos no sangue de Cristo. O sangue de Cristo é uma fonte de purificação. Seu sangue nos limpa de todo pecado (1Jo

---

[128] WATSON, Thomas. The beatitudes, p. 193,194.

104 A FELICIDADE AO SEU ALCANCE

1.7). Lutero certa feita teve um sonho em que Satanás o acusava de muitos e grosseiros pecados. Ele conferiu a lista de acusações e constatou que eram verdadeiras. Ele era mesmo culpado de todos aqueles pecados. Satanás, no entanto, nosso arquiinimigo e patrono dos acusadores, esqueceu um fato: o sangue de Cristo nos purifica de todo pecado. Lutero agarrou-se nesta verdade e livrou-se de seu inimigo cruel.

Recebendo a purificação do Espírito. O Espírito é comparado ao fogo (At 2.3). O fogo tem uma natureza purificadora. Ele refina e limpa os metais. Ele separa a escória do ouro. O Espírito é comparado ao vento. O vento purifica o ambiente. O Espírito é comparado à água. A água limpa.

Clamando a Deus por um coração puro. "Quem pode tirar uma coisa pura de uma impura?" (Jó 14.4; 15.14). Só Deus pode! Devemos orar como Davi: "Cria em mim, ó Deus, um coração puro" (Sl 51.10). Devemos lutar em oração como Jacó. Devemos derramar a nossa alma como Ana.

A gloriosa recompensa de se ter um coração puro

James Hastings fala sobre três tipos de visão: a visão física, a mental e a espiritual.[129] A primeira visão é a física. Por meio dela, distinguimos objetos materiais e contemplamos o mundo físico à nossa volta. A segunda visão é a mental. É a visão dos cientistas e poetas. Esta faculdade ajuda os homens a descobrir leis da ciência e a fazer analogias e conexões com as mais variadas idéias. A terceira visão é a espiritual. Ela capacita os homens de fé e os puros de coração a ver o invisível. Deus é invisível, mas os puros de coração verão a Deus.

A gloriosa recompensa dos puros de coração é que eles verão a Deus. O verbo grego está no futuro contínuo. Em outras palavras:

---

[129] HASTINGS, James. The greats texts of the Bible – St. Matthew, p. 90.

A FELICIDADE DOS PUROS DE CORAÇÃO 105

"Eles verão continuamente a Deus".[130] Eles verão a Deus nesta vida e na vida por vir. Agora, vemos a Deus pela fé. Agora, vemos a Deus nas obras da criação, da providência e da redenção. Mas, então, nós O veremos face a face. Agora vemos como por espelho, mas então veremos já sem véu. Então conheceremos como também somos conhecidos. A visão de Deus na vida por vir é o céu dos céus. Embora saibamos que nos deleitaremos na incontável assembléia dos santos, embora saibamos que nossa união aos coros angelicais será uma grande glória, a maior de todas as glórias, estamos certos de que a maior de todas as recompensas será a visão que teremos de Deus. Essa é a promessa mais consoladora. Jó encontrou refúgio para a sua dor, quando disse: "Eu sei que o meu redentor vive, e por fim se levantará sobre a terra. Depois revestido esse meu corpo da minha pele, em minha carne verei a Deus. Vê-lo-ei por mim mesmo, os meus olhos o verão." (Jó 19.25-27).

A Palavra de Deus nos fala sobre as excelências da nossa visão de Deus no céu. Mais uma vez é Thomas Watson quem nos ajudará a entender esse ponto sublime da visão beatífica de Deus.[131]

Nossa visão de Deus no céu será uma visão transparente. "Agora, vemos como por espelho, obscuramente, mas depois, conheceremos como também somos conhecidos" (1Co 13.12). Diz João que nós o veremos como ele é (1Jo 3.2). O menor crente no céu tem uma compreensão mais ampla de Deus do que a que tem o maior teólogo na terra.

Nossa visão de Deus na glória será uma visão transcendente. Paulo diz que nenhum olho viu, nenhum ouvido ouviu o que Deus tem preparado para aqueles que o amam (1Co 2.9). Quando João viu aquele que está no trono em Apocalipse, ele apenas descreveu o Seu fulgor (Ap 4.3). As palavras não podiam descrever

---

[130] MacARTHUR Jr., John. O caminho da felicidade, p. 147.
[131] WATSON, Thomas. The beatitudes, p. 197-201.

106 A FELICIDADE AO SEU ALCANCE

a magnitude daquela revelação. Se a visão que temos de Deus agora já é sublime, como não será aquela gloriosa visão, quando O veremos face a face? Quando Jesus foi transfigurado, Seu rosto brilhava como o sol e Sua roupa resplandecia como a luz. Todas as luzes do sol e das estrelas serão eclipsadas diante da glória da visão de Deus.

Nossa visão de Deus será uma visão transformadora. João diz: "Sabemos que, quando ele se manifestar, seremos semelhantes a ele, porque haveremos de vê-lo como ele é" (1Jo 3.2). Os remidos serão transformados na glória. Nós somos co-participantes da natureza divina. Também receberemos um corpo de glória, semelhante ao corpo de Cristo (Fp 3.21).

Nossa visão de Deus será uma visão de profunda alegria. "Fizeste-me conhecer os caminhos da vida, encher-me-ás de alegria na tua presença" (At 2.28). Na presença de Deus há plenitude de alegria, delícias perpetuamente (Sl 16.11). Se já agora, não vendo a Deus, podemos exultar com alegria indizível e cheia de glória (1Pe 1.8), imagine a alegria de estarmos com Deus, vendo a Deus face a face por toda a eternidade!

Nossa visão de Deus não será apenas uma visão gloriosa, mas uma fruição bendita. Quando entrarmos na glória, o Senhor nos receberá dizendo: "Entrem no gozo do teu Senhor" (Mt 25.21). Na presença de Deus há plenitude de alegria (Sl 16.11). Coloque o mundo inteiro em seu coração, e ele continuará vazio. Deus é que satisfaz. Diante da visão beatífica do Senhor na Sua glória, os encantos da terra perdem o seu fulgor e atração.

Nossa visão de Deus será uma visão que jamais perde o seu encanto. O filho pródigo sentiu-se entediado da casa do pai. Adão e Eva queriam algo mais do que a beleza de um jardim. Salomão não satisfez sua alma com prazeres, riquezas e fama. No entanto, jamais ficaremos entediados de ver a Deus. Ele é infinito e inesgotável. Veremos a Deus por toda a eternidade sem jamais esgotarmos a beleza e a glória do Seu Ser.

A FELICIDADE DOS PUROS DE CORAÇÃO 107

Nossa visão de Deus será uma visão abençoadora. Adão e Eva desejaram comer o fruto, e isso lhes trouxe cegueira e morte espiritual. Acã viu uma barra de ouro, e por cobiçá-la sua vida foi destruída. Davi olhou para Bate-Seba, e sua família foi assolada. Você, jamais será pleno, feliz e glorificado, até que veja o Senhor. *Nossa visão de Deus será uma visão perpétua.* Aqui nos separamos e nos despedimos daqueles a quem amamos. Estaremos com Deus e veremos a Deus por toda a eternidade. Os séculos sem fim se desdobrarão, milhões de anos se abrirão diante de nós, e nossa felicidade em Deus jamais será perturbada. *Nossa visão de Deus será uma visão repentina.* Quando um remido fecha os olhos neste mundo, é imediatamente levado para o seio de Abraão, para contemplar o Senhor na Sua glória. Tão logo a morte feche os nossos olhos aqui, eles serão abertos na glória eterna.

Aqueles que não têm o coração puro não verão a Deus, pois a Bíblia diz que, sem santificação, ninguém verá o Senhor (Hb 12.14). Aqueles que se recusaram a ser lavados no sangue do Cordeiro serão banidos para sempre da face do Senhor e viverão para sempre nas trevas exteriores, onde há choro e ranger de dentes. Deus é luz, Deus é amor. Longe de Deus só reinam treva e ódio. Hoje, Deus pode purificar o seu coração, dar-lhe um novo coração e fazer de você uma pessoa feliz, bem-aventurada.

Os limpos de coração verão a Deus. Mais do que tesouros, mais do que glórias humanas, nossa maior recompensa é Deus. Ele é melhor do que todas as suas dádivas. Ele é a nossa herança, a nossa recompensa. Teremos a Deus, veremos a Deus por toda a eternidade! Oh, que glória isso será!

Capítulo 7

A FELICIDADE DOS PACIFICADORES

(MT 5.9)

EXISTEM CERCA DE QUATROCENTAS referências sobre paz na Bíblia. John MacArthur diz que as Escrituras começam com paz no Jardim do Éden e terminam com paz na eternidade. O pecado do homem interrompeu a paz no Jardim. Na cruz, Cristo se tornou a nossa paz, e um dia, Ele, o Príncipe da paz, virá para estabelecer plenamente o Seu Reino eterno de paz.[132]

Deus se autodenomina o "Deus da paz" (Fp 4.9), mas não há paz no mundo. Isso por causa da oposição de Satanás e desobediência do homem. Martyn Lloyd-Jones pergunta:

> Por que há tantas guerras no mundo? Por que se mantém essa constante tensão internacional? O que há com este mundo? Por que já tivemos duas guerras mundiais só no século 20? E por que essa ameaça perene de novas guerras, além de toda essa infelicidade, turbulência e discórdia entre os homens? De conformidade com

---

[132] MacARTHUR Jr., John. O caminho da felicidade, p. 149.

110 A FELICIDADE AO SEU ALCANCE

essa bem-aventurança, só existe uma resposta para essa indagação – o pecado.[133]

As tentativas de estabelecer a paz no mundo são todas malogradas. As conferências que visam promover a paz entre as nações fracassam. A Organização das Nações Unidas não se sustenta como agenciadora da paz. Não haverá paz nas estruturas, nos governos, entre as nações, se ela não for implantada no coração. Enquanto o Príncipe da paz, Jesus Cristo, não reinar no coração do homem, ele será um ser beligerante e em conflito consigo, com o próximo e com Deus. Martyn Lloyd-Jones está correto, quando diz: "Enquanto os homens estiverem produzindo esses males, não haverá paz. Aquilo que existe no interior do homem, inevitavelmente há de aflorar à superfície".[134]

A necessidade da paz

A paz é uma necessidade vital. E isso por várias razões.

Em primeiro lugar, *o homem é um ser em conflito*. O homem está em guerra com Deus, consigo, com o próximo e com a natureza. A paz que saudamos hoje começa a desmoronar amanhã. Não temos paz política, econômica, social nem familiar. Não temos paz em lugar nenhum porque não temos paz no nosso coração. As pessoas sofrem de doenças mentais e emocionais como nunca. Alguém já disse: "Washington tem inúmeros monumentos à paz. Depois de cada guerra, constrói-se mais um". A paz é meramente aquele breve momento glorioso na História em que todos param para recarregar as armas. Depois da Segunda Guerra Mundial, o mundo ficou preocupado em desenvolver

---

[133] LLOYD-JONES, Martyn. Estudos no Sermão do Monte, p. 111.
[134] LLOYD-JONES, Martyn. Estudos no Sermão do Monte, p. 112.

A FELICIDADE DOS PACIFICADORES 111

uma agência para a paz mundial, por isso, em 1945, surgiu a Organização das Nações Unidas (ONU), com o lema: "Libertar as nações vindouras do flagelo da guerra". Desde então, não houve um dia de paz na terra. Nem um! A paz é uma quimera, diz John MacArthur.[135] Em segundo lugar, *os homens estão em conflito uns com os outros*. Não temos capacidade de conviver uns com os outros. Existem dissoluções de famílias, discórdias nas instituições e guerras entre as nações. O ser humano não tem paz consigo mesmo, por isso o mundo ao seu redor está mergulhado no caos. O século 20 começou com profundo otimismo humanista. Veio, porém, a Primeira Guerra Mundial, e cerca de trinta milhões de pessoas foram mortas. Logo veio a Segunda Guerra Mundial, e sessenta milhões pereceram. O comunismo abocanhou um terço dos habitantes do planeta e levou milhões à morte. Hoje, vemos terríveis guerras étnicas, tribais e religiosas. O mundo é um barril de pólvora. Tudo o que Deus criou cumpre o seu propósito: Deus criou o sol para brilhar, as árvores para encher a terra de fartura, as sementes para nascer, florescer e frutificar. Deus criou o homem para a vida, e ele prefere a morte; criou-o para a paz, e ele prefere a guerra. Até o reino de Satanás não vive dividido. Será que nós somos os únicos que nos autodestruímos e destruímos uns aos outros?

Em terceiro lugar, *sem paz a sociedade se desintegra*. Sem paz, você é uma guerra civil ambulante. Sem paz, sua família se arrebenta. Sem paz, a igreja perde a comunhão e fica estagnada. Sem paz, as denominações se engalfinham em batalhas intérminas. Sem paz, a cidade vira uma arena de violência. Sem paz, a nação mergulha em densas trevas. Sem paz, o mundo vive a síndrome do pânico. O problema que mais nos assusta hoje é a falta de

---

[135] MacARTHUR Jr., John. O caminho da felicidade, p. 150.

112 A FELICIDADE AO SEU ALCANCE

segurança. Nossas cidades estão se transformando em palco de assaltos, seqüestros, arrombamentos, assassinatos e toda a sorte de violência. O nosso semelhante tornou-se nossa maior ameaça. Falta paz na terra.

O que é paz?

Antes de definir positivamente o que é paz, vejamos o aspecto negativo, o que não é paz.

Em primeiro lugar, essa *não é a paz de cemitério*. Algumas pessoas definem paz como ausência de conflito. Não existe conflito em um cemitério. Paz, entretanto, é muito mais do que a ausência de conflito. É a presença da justiça que produz relacionamentos verdadeiros. A paz não é apenas a suspensão da guerra; a paz é a criação da justiça que reúne inimigos em amor.[136] Jesus, o Príncipe da paz, não evitou os conflitos, jamais deixou de denunciar o erro e o pecado. Mataram-no porque Ele se recusou a aceitar certo tipo de paz a qualquer preço.

Em segundo lugar, *não é trégua*. Há uma grande diferença entre trégua e paz. Uma trégua quer dizer que você apenas deixa de atirar por um tempo. A paz vem quando a verdade é conhecida, o problema é resolvido e as partes se abraçam.[137] A paz não é algo passageiro e superficial. A paz derruba o muro da inimizade e constrói sobre o abismo do ódio, a ponte da reconciliação.

Em terceiro lugar, *não é fuga do confronto*. A paz na Bíblia nunca se esquiva dos problemas. Não é paz a qualquer preço. Apaziguamento não é paz. A paz tem um alto preço. Ela custou o sangue de Cristo. Dietrick Bonhoeffer criou o termo "graça

---

[136] MacARTHUR Jr., John. O caminho da felicidade, p. 151.
[137] MacARTHUR Jr., John. O caminho da felicidade, p. 151.

A FELICIDADE DOS PACIFICADORES 113

barata". Existe também uma espécie de paz barata. Proclamar paz, paz, onde não há paz, é obra do falso profeta.[138] A paz supera e resolve o problema; não é sublimar nem enterrar o problema vivo. A paz constrói pontes em vez de cavar abismos. Sem confronto, teremos apenas um cessar-fogo, uma guerra fria, um tempo para recarregar as armas.

Em quarto lugar, *não é sacrifício da justiça*. Nunca se procura a paz à custa da justiça. Você não conseguirá paz entre duas pessoas a não ser que elas tenham percebido o pecado, a culpa e o erro da amargura e do ódio e tenham resolvido levá-los diante de Deus e corrigi-los.

Em quinto lugar, *não é sacrifício da verdade*. Muitos hoje querem a paz e a união de todos, mas enterrando a verdade. Nesse sentido, Jesus veio trazer não a paz, mas a espada (Mt 10.34). Não há unidade fora da verdade. A paz com todos e a santificação precisam andar juntas (Hb 12.14). Por essa razão, o ecumenismo é uma falácia. Não temos nenhuma ordem de Cristo para buscar a união sem pureza: pureza de doutrina e de conduta. Uma união barata produz uma evangelização barata.[139] Esses são atalhos proibidos que transformam o evangelista em um mercador fraudulento, degradam o evangelho e prejudicam a causa de Cristo. A Bíblia nos proíbe de ser cúmplices das obras infrutíferas das trevas (Ef 5.11). A Bíblia condena a aliança de Josias com o ímpio rei Acabe (2Cr 19.2). A Bíblia ordena: "Não vos ponhais em jugo desigual com os incrédulos, porque que sociedade pode haver entre a justiça e a iniqüidade? Ou que comunhão da luz com as trevas...?" (2Co 6.14).

---

[138] STOTT, John R. W. Contracultura cristã – a mensagem do Sermão do Monte, p. 41.

[139] STOTT, John R. W. Contracultura cristã – a mensagem do Sermão do Monte, p. 42.

114 A FELICIDADE AO SEU ALCANCE

Vejamos agora o aspecto positivo: o que é paz. A palavra *paz*, tanto no hebraico como no grego, nunca é um estado negativo. Nunca significa apenas a ausência de conflito. A paz inclui o bem-estar geral do homem. É a libertação do mal e a presença de todas as coisas boas. A paz é um estado de harmonia com Deus, consigo e com o próximo.[140]

A bênção de sermos pacificadores

A Palavra de Deus fala sobre a bênção de sermos pacificadores. Vejamos alguns pontos importantes:

Em primeiro lugar, *nós fomos chamados à paz e somos portadores da paz*. Deus nunca nos chamou para a divisão ou contendas. Ele nos chamou à paz (1Co 7.15). Temos paz com Deus, a paz de Deus e o Deus da paz. Por isso, podemos ser portadores da paz. Devemos levar a paz. Quando Tiago e João pediram para Jesus mandar fogo do céu sobre os samaritanos, Jesus lhes repreendeu: "Vós não sabeis de que espírito sois. Pois o Filho do homem não veio para destruir a alma dos homens, mas para salvá-las" (Lc 9.55,56). Isaías diz que, quando andamos com Deus, nossos filhos se tornam reparadores de brechas (Is 58.12). A Bíblia diz: "Quão formosos são os pés daqueles que anunciam as boas novas da paz" (Is 52.7).

Em segundo lugar, *é honroso ser um pacificador*. A Bíblia diz que "honroso é para o homem o desviar-se de contendas" (Pv 20.3). É honroso pôr termo aos conflitos intrapessoais e interpessoais. Salomão disse que "como o abrir de uma represa, assim é o começo da contenda. Quando uma represa arrebenta, há uma inundação catastrófica, que traz perigo, prejuízo e morte. Jesus diz que feliz é o pacificador, aquele que não gera conflitos, mas que acaba com eles, buscando reconciliação.

---

[140] BARCLAY, William. Mateo I, p. 118.

A FELICIDADE DOS PACIFICADORES 115

Em terceiro lugar, *o pacificador poupa a si mesmo de tormentos*. A Bíblia diz: "O homem bondoso faz bem a si mesmo, mas o cruel a si mesmo se fere" (Pv 11.17). Um gerador de contendas torna-se carrasco e algoz de si mesmo. Ele flagela a si mesmo. O ímpio é como o mar agitado, que lança de si lodo e lama. Não há paz para o ímpio (Is 57.20,21). Porém, a Bíblia diz: "Oh quão bom e quão suave é que os irmãos vivam em união. É como o óleo e como o orvalho" (Sl 133.1).

Em quarto lugar, *o pacificador estampa na sua vida o próprio caráter de Deus*. O Deus Pai é chamado de o Deus da paz (Hb 13.20). Ele nos comissiona para sermos embaixadores em Seu nome, rogando aos homens que se reconciliem com Deus. O Deus Filho é chamado de o Príncipe da Paz (Is 9.6). Ele entrou no mundo com a música da paz: "Paz na terra entre os homens" (Lc 2.14). Ele deixou o mundo com um legado de paz: "Deixo-vos a paz, a minha vos dou, não vo-la dou como o mundo a dá" (Jo 14.27). Ele orou pela paz, para que sejamos um como Ele e o Pai são um (Jo 17.11,21,23). Cristo derramou Seu sangue pela paz. Ele fez a paz pelo sangue da Sua cruz (Cl 1.20). O Deus Espírito Santo é o Espírito da paz. Ele é o consolador. Um dia, nós estaremos no céu em perfeita paz. Somos co-participantes da natureza divina. Os anjos pertencem a diferentes ordens, mas jamais estão em conflito. No céu não haverá contenda, nem ciúmes.

Em quinto lugar, *o pacificador promove a paz*. O pacificador está em paz com Deus, anuncia o evangelho da paz, tem o ministério da reconciliação e é um embaixador de Deus, rogando aos homens que se reconciliem com ele (2Co 5.18-20). O pacificador é aquele que ama os seus inimigos, abençoa aqueles que lhe maldizem, ora por aqueles que lhe perseguem (Mt 5.44,45). Jesus ordena: "Tende paz uns com os outros" (Mc 9.50). Paulo diz: "Se possível, quanto depender de vós, tende paz com todos os homens" (Rm 12.18).

Em sexto lugar, *como podemos ser pacificadores*.

116 A FELICIDADE AO SEU ALCANCE

Evangelizando. John MacArthur diz que evangelismo é pacificação.[141] Quando você leva o evangelho da paz, está sendo um embaixador do céu na promoção da paz. Quando o homem se reconcilia com Deus, ele abandona o ódio e a vingança. Mitsuo Fuchida comandou o ataque japonês à esquadra americana no Porto de Harbor. Foi um ataque rápido e avassalador. Navios foram afundados, plataformas foram destruídas e milhares de soldados perderam a vida. Esse ataque provocou uma reação imediata dos Estados Unidos. O soldado Jack de Cheise, ofereceu-se para sobrevoar a cidade de Tóquio e aplicar a imediata vingança. Entretanto, nessa inglória empreitada, ele foi capturado e passou muitos meses numa prisão japonesa, sendo castigado com torturas crudelíssimas e escassez de pão. Por providência divina, enquanto estava encarcerado, caiu em suas mãos uma porção da Palavra de Deus, na qual Jesus ordena amar os inimigos e orar por eles. Essa poderosa mensagem causou profundo impacto em seu coração e ele se converteu a Cristo, na prisão. A Segunda Guerra Mundial acabou, e Jack de Cheise voltou aos Estados Unidos, entrou num Instituto Bíblico e voltou ao Japão como missionário. Escreveu um folheto e contou o testemunho de como se convertera a Cristo em uma prisão japonesa. Certa feita, Mitsuo Fuchida, que escapara da bomba atômica lançada sobre Hiroshima, estava em um metrô em Tóquio quando recebeu um folheto com o testemunho de Jack de Cheise. Ele leu o folheto e se converteu a Cristo. Aqueles dois homens, outrora inimigos, agora se encontraram como servos de Deus, lavados no sangue de Cristo, se abraçaram e se uniram em uma grande campanha evangelística no Japão. Esse é o poder do evangelho!

Perdoando as ofensas. A Bíblia diz que não devemos retribuir o mal com o mal, mas vencer o mal com o bem (Rm 12.21). Ódio

---

[141] MacARTHUR Jr., John. O caminho da felicidade, p. 159.

A FELICIDADE DOS PACIFICADORES 117

produz mais ódio. Guerra produz mais guerra. O perdão, porém, restaura relacionamentos quebrados, e traz vida onde reinava a morte; traz alegria onde dominava o ódio; traz paz onde prevalecia o conflito. Jesus contou uma parábola sobre o perdão, que é um dos mais esplêndidos monumentos da literatura universal. É a parábola do credor incompassivo. Na verdade, essa parábola é também uma hipérbole, pois fala de um homem que devia 10 mil talentos e, não tendo com que pagar, o seu credor mandou vender sua mulher e seus filhos. O devedor pediu-lhe paciência até poder saldar toda a dívida. O credor perdoou-lhe toda a dívida de 10 mil talentos. Nenhum cidadão no primeiro século poderia ter contraído um dívida de 10 mil talentos. Um talento representa 35 quilos de ouro. Dez mil talentos são 350 mil quilos de ouro. Todos os impostos da Galiléia, Peréia, Samaria e Judéia durante um ano eram 800 talentos. Dez mil talentos seriam todos os impostos da nação durante treze anos. O salário de um trabalhador naquele tempo era de um denário por dia. Para granjear 10 mil talentos, um homem precisaria trabalhar ininterruptamente 150 mil anos. Esse é o tamanho do perdão que recebemos de Deus. Quando esse homem perdoado se recusou a perdoar a dívida de 10 denários de seu conservo, um valor 600 mil vezes inferior a 10 mil talentos, foi lançado na prisão e entregue aos verdugos até quitar toda a dívida. O perdão que recebemos de Deus será sempre maior do que aquele que oferecemos aos nossos desafetos. Nunca poderemos argumentar, dizendo que não podemos perdoar porque a dívida é muito grande. A Bíblia nos ensina a perdoar assim como Deus em Cristo nos perdoou (Cl 3.13).

A recompensa do pacificador

A Palavra de Deus fala sobre a recompensa do pacificador.

Em primeiro lugar, *a recompensa do pacificador é ser chamado filho de Deus*. A língua grega usa *huios* para filhos, e não *tekna*,

118   A FELICIDADE AO SEU ALCANCE

que significa crianças. *Tekna* nos fala de uma afeição terna. *Huios* nos fala de dignidade, honra e consideração.[142] Amamos nossos filhos mais do que nossa casa, nosso carro, nossos bens. Nossos filhos são nossa maior herança. O pacificador é filho do Deus vivo. Esse título é mais honroso do que ser o mais exaltado príncipe da terra. A Bíblia diz que somos a menina dos olhos de Deus. A pupila é a parte mais sensível do corpo. É a parte mais frágil e delicada. Você a protege. Deus age da mesma forma com os seus filhos. Se você tocar em um de seus filhos, está colocando o dedo na menina dos olhos de Deus.

Em segundo lugar, *os filhos de Deus são muito preciosos para Deus*. A Bíblia diz que somos o Seu tesouro particular (Ml 3.17). Diz que Deus nos dará um nome eterno (Is 56.5). Diz que Deus recolhe nossas lágrimas em Seu odre (Sl 56.8). Quando morremos, nossa morte é preciosa aos Seus olhos (Sl 116.15). Deus nos fez reis, príncipes e sacerdotes. Somos Seus herdeiros. Deus diz que Seus filhos são os notáveis em quem Ele tem todo o seu prazer (Sl 16.3). A Bíblia diz que nós somos os vasos para honra de Deus (2Tm 2.21). A Bíblia diz que os filhos são dignos de honra (Is 43.4). Nós somos a herança de Deus. Nossa posição é mais elevada do que a dos anjos. Eles nos servem. Somos co-participantes da natureza divina. Estamos ligados a Cristo. Somos membros do corpo de Cristo. A Bíblia diz que nos assentaremos com Ele no seu trono (Ap 3.21).

Em terceiro lugar, *os pacificadores são feitos filhos de Deus por adoção*. Nós não nascemos filhos de Deus; somos feitos filhos de Deus por adoção. No que consiste a adoção? Thomas Watson nos ajuda a entender esse magno assunto com as seguintes observações:[143]

---

[142] MacARTHUR Jr., John. O caminho da felicidade, p. 161,162.
[143] WATSON, Thomas. The beatitudes, p. 220,221.

Adoção é a transferência de uma família para outra. Nós fomos transferidos da velha família de Adão para a família de Deus. Éramos escravos, cegos, perdidos e filhos da ira (Ef 2.2,3). Agora, somos filhos de Deus, membros da sua família. Ele é nosso Pai. Cristo é o nosso irmão mais velho. Os santos são nossos irmãos e co-herdeiros, os anjos são espíritos que nos servem.

Adoção consiste em uma imunidade e desobrigação de todas as leis que nos prendiam à antiga família. Agora não somos mais escravos do pecado. Agora fomos libertos do império das trevas. Não estamos mais presos à potestade de Satanás. Agora somos novas criaturas.

Adoção consiste em uma legal investidura dos direitos da nova família. Recebemos um novo nome. Antes éramos escravos, agora somos filhos. Antes éramos pecadores rendidos à escravidão, agora somos livres e santos. Recebemos também uma gloriosa herança. Somos herdeiros de Deus e co-herdeiros com Cristo.

No que a adoção divina difere da adoção humana?

A adoção humana, via de regra, é para suprir uma carência dos filhos naturais. Deus sempre foi completo em Si mesmo. Deus sempre se deleitou no Seu Filho unigênito. Equivocam-se aqueles que pensam que Deus era incompleto até nos criar à Sua imagem e semelhança. Deus era perfeito, completo e feliz antes de lançar os fundamentos da terra e antes de criar-nos à Sua imagem.

A adoção humana é restrita, a adoção divina, ampla. A herança do pai é dividida em partes para os filhos. Os herdeiros de Deus possuem tudo o que é do Pai. Tudo o que Deus tem é nosso.

A adoção humana é feita sem sacrifício, a adoção divina custou a vida do Seu Filho. A nossa adoção custou a morte do Seu Filho Unigênito. O Filho eternamente gerado do Pai precisou morrer para fazer-nos filhos adotivos. Deus selou nossa certidão de nascimento com o sangue do Seu Filho. Quando Deus criou todas as coisas, Ele apenas falou; mas quando nos adotou, o sangue do Seu Filho precisou ser derramado.

A adoção humana confere apenas benefícios terrenos, a adoção divina confere bênçãos celestiais. Deus nos concede mais do que bens; Ele nos concede uma nova vida, um novo coração, uma nova mente, uma nova herança, um novo lar, a vida eterna. Essa verdade derruba por terra a visão míope da teologia da prosperidade. A nossa riqueza não é terrena, mas celestial. Não é material, mas espiritual. O nosso tesouro não está na terra, mas no céu. A nossa casa permanente não é aqui, mas no Paraíso!

Capítulo 8

A FELICIDADE DOS PERSEGUIDOS
POR CAUSA DA JUSTIÇA
(MT 5.10-12)

PARA NÓS, É QUASE INCOMPREENSÍVEL associar perseguição com felicidade. Perseguição e felicidade parecem-nos coisas mutuamente exclusivas. Esse é o grande paradoxo do cristianismo. Jesus, no entanto, termina as bem-aventuranças, dizendo-nos que o mais elevado grau de felicidade está ligado à perseguição. Obviamente não são felizes todos os perseguidos, mas os perseguidos por causa da justiça.[144] O pacificador é o causador da perseguição.[145]

A nossa religião deve custar para nós as lágrimas do arrependimento e o sangue da perseguição, diz Thomas Watson.[146] A cruz vem antes da coroa. O deserto precede a Terra Prometida, o sofrimento precede a glória. Importa-nos entrar no reino por meio de muitas tribulações (At 14.22).

---

[144] LLOYD-JONES, Martyn. Estudos no Sermão do Monte, p. 120.

[145] MacARTHUR Jr., John. O caminho da felicidade, p. 165.

[146] WATSON, Thomas. The beatitudes, p. 259.

122 A FELICIDADE AO SEU ALCANCE

Martyn Lloyd-Jones diz que o crente é perseguido por ser determinado tipo de pessoa e por se comportar de certa maneira.[147] Porque você é um cristão, o mundo o odeia, como odiou a Cristo: "Se o mundo vos odeia, sabei que, primeiro do que a vós outros, me odiou a mim. Se vós fôsseis do mundo, o mundo amaria o que era seu; como, todavia, não sois do mundo, pelo contrário, dele vos escolhi, por isso, o mundo vos odeia" (Jo 15.18,19).

A natureza da perseguição

O mundo ataca sua vida e sua honra. O mundo fere-o com as armas e com a língua. Procura destruir sua vida e também sua reputação. Há duas maneiras de perseguir uma pessoa:

Em primeiro lugar, *a perseguição das armas* (Mt 5.10). Ao longo dos séculos, a igreja tem sofrido perseguição. Os crentes foram perseguidos em todos os lugares e em todos os tempos. Paulo disse: "Todo aquele que quiser viver piedosamente em Cristo será perseguido" (2Tm 3.12). Depois de ser apedrejado em Listra, Paulo encorajou os novos crentes, dizendo-lhes: "... através de muitas tribulações, nos importa entrar no Reino de Deus" (At 14.22). Escrevendo aos filipenses, o apóstolo disse: "Porque vos foi concedida a graça de padecerdes por Cristo e não somente de crerdes nele" (Fp 1.29). Os cristãos primitivos foram duramente perseguidos, tantos pelos judeus como pelos gentios.

Em segundo lugar, *a perseguição da língua* (Mt 5.11). O cristão é atacado não apenas pela oposição e pela espada do mundo, mas também pela língua dos ímpios. A língua é como fogo e como veneno. Ela mata. É uma espada desembainhada (Sl 55.21). Você pode matar uma pessoa tirando-lhe a vida ou destruindo-lhe o nome. Três são as formas da perseguição pela língua:

---

[147] LLOYD-JONES, Martyn. Estudos no Sermão do Monte, p. 119.

A FELICIDADE DOS PERSEGUIDOS POR CAUSA DA JUSTIÇA 123

Injúria (Mt 5.11). A palavra *oneididzo* significa jogar algo na cara de alguém, maltratar com palavra vis, cruéis e escarnecedoras. Cristo foi acusado de ser beberrão e endemoninhado. Pesaram sobre os cristãos muitas coisas horrendas. Eles foram chamados de canibais, de imorais, de incendiários, de rebeldes, de ateus. Chamaram Paulo de tagarela, de impostor, de falso apóstolo.

Mentira (Mt 5.11). A arma do Diabo é a mentira. A mentira é a negação, ocultação e alteração da verdade. Chamaram Jesus de beberrão, de possesso, de filho ilegítimo. O cristão é abençoado por Deus e amaldiçoado pelo mundo.

Falar mal (Mt 5.11). Os cristãos são alvos da maledicência. É a inimizade da serpente contra a semente sagrada. A língua é fogo e veneno. Ela tem uma capacidade avassaladora para destruir. É como uma fagulha numa floresta. Provoca destruição total. Ela é como veneno que mata rapidamente.

A causa da perseguição

Vejamos alguns pontos importantes:

Em primeiro lugar, *por que um cristão não deve sofrer?*

Um cristão não deve sofrer como malfeitor. O apóstolo Pedro disse: "Não sofra nenhum de vós como assassino, ou ladrão, ou malfeitor, ou como quem se intromete em negócios de outrem" (1Pe 4.15). Hoje a igreja evangélica tem sido motivo de chacota pela sua falta de integridade. A igreja cresce, mas a vida dos crentes não muda. Ser crente hoje não é sinônimo de ser íntegro, verdadeiro. Multiplicam-se os escândalos daqueles que se dizem cristãos. A igreja evangélica tem sido mais conhecida na mídia pelos seus escândalos do que por sua piedade. Em recente pesquisa feita no Brasil, constatou-se que as três classes mais desacreditadas são os políticos, a polícia e os pastores. Há muitos líderes inescrupulosos que usam o púlpito para enganar os incautos com um falso evangelho, a fim de se abastecerem da lã das ovelhas.

124 A FELICIDADE AO SEU ALCANCE

Um cristão não deve sofrer pelas suas próprias ofensas. Davi sofreu porque desobedeceu a Deus. Ele atraiu tragédia sobre a sua própria cabeça. O ladrão na cruz admitiu: "Nós, na verdade, com justiça, porque recebemos o castigo que os nossos atos merecem..." (Lc 23.41). Muitas pessoas são como Saul, sofrem pelos problemas gerados por elas mesmas. Elas se lançam sobre sua própria espada. Elas tiram a própria vida.

Um cristão não deve sofrer para ganhar notoriedade. Paulo diz que, ainda que um homem doasse todos os seus bens e entregasse seu corpo para ser queimado, isso nada valeria sem a motivação correta, que é o amor (1Co 13.1-3). Um homem pode sacrificar a própria vida para adquirir fama, mas isso nada vale aos olhos de Deus.

Em segundo lugar, *quem são os perseguidos?* A perseguição no verso 10 é generalizada: "Bem aventurados, os perseguidos por causa da justiça, porque deles é o Reino dos céus", enquanto no verso 11 ela é personalizada: "Bem-aventurados sois quando, por minha causa, vos injuriarem, e vos perseguirem, e, mentindo, disserem todo mal contra vós".[148] Ambos os versos, porém, falam do mesmo grupo. Quem são? São os mesmos descritos nos versículos 3 a 9: os humildes, os que choram, os mansos, os que têm fome e sede de justiça, os misericordiosos, os limpos de coração e os pacificadores.

Os apóstolos de Cristo foram perseguidos de forma implacável. André, irmão de Pedro, foi amarrado na cruz para ter morte lenta. Pedro ficou preso nove meses e depois foi crucificado de cabeça para baixo. Paulo foi decapitado por Nero. Tiago foi passado ao fio da espada por ordem de Herodes Agripa II. Mateus, Bartolomeu e Tomé foram martirizados. João foi deportado para a ilha de Patmos. Os apóstolos eram considerados o lixo do mundo, a escória de todos.

---

[148]MacARTHUR Jr., John. O caminho da felicidade, p. 168.

John MacArthur diz que hoje estamos fabricando celebridades tão rápido como o mundo.[149] Hoje os crentes querem ser estrelas e gostam do sucesso, das coisas espetaculares. Hoje, as pessoas apresentariam Paulo assim: Formado na Universidade de Gamaliel, poliglota, amigo pessoal de muitos reis, maior fundador de igrejas do mundo, maior evangelista do século, dado por morto, arrebatado ao céu. Entretanto, quais as credenciais que Paulo dá si mesmo? Ouçamo-lo:

São ministros de Cristo? (Falo como fora de mim.) Eu ainda mais: em trabalhos, muito mais; muito mais em prisões; em açoites, sem medida; em perigos de morte, muitas vezes. Cinco vezes recebi dos judeus uma quarentena de açoites menos um; fui três vezes fustigado com varas; uma vez, apedrejado; em naufrágio, três vezes; uma noite e um dia passei na voragem do mar; em jornadas, muitas vezes; em perigos de rios, em perigos de salteadores, em perigos entre patrícios, em perigos entre gentios, em perigos na cidade, em perigos no deserto, em perigos no mar, em perigos entre falsos irmãos; em trabalhos e fadigas, em vigílias, muitas vezes; em fome e sede, em jejuns, muitas vezes; em frio e nudez. Além das cousas exteriores, há o que pesa sobre mim diariamente, a preocupação com todas as igrejas (2Co 11.23-28).

Em terceiro lugar, *quando sofrer é uma bem-aventurança?* *Quando sofremos por causa da justiça* (Mt 5.10). Alguns tomam a iniciativa de opor-se a nós não por causa dos nossos erros, mas porque não gostam da justiça da qual temos fome e sede. A perseguição é simplesmente o conflito entre dois sistemas de valores irreconciliáveis. Sofrer pelo erro não é bem-aventurança, mas vergonha e derrota. Sofrer pelo erro é punição e castigo,

---

[149] MacARTHUR Jr., John. O caminho da felicidade, p. 189.

126 A FELICIDADE AO SEU ALCANCE

e não felicidade. Sofrer por ter sido flagrado no erro não é ser bem-aventurado. Um aluno não fica feliz ao receber nota zero por ter sido flagrado na prática da cola. Um funcionário não fica feliz ao ser despedido por negligência. Um cristão não fica feliz ao ser perseguido por ter transgredido a lei de Deus. Os crentes de Tiatira sofreram financeiramente por não participarem dos sindicatos comerciais que tinham suas divindades padroeiras. Os crentes sofriam porque, quando se convertiam, eram desprezados pelos outros membros da família.

Quando sofremos por causa de nosso relacionamento com Cristo (Mt 5.11). O mundo não odeia o cristão, mas odeia a justiça, odeia a Cristo nele.[150] Não é a nós que o mundo odeia primariamente, mas à verdade que representamos. O mundo está atrás de Cristo, é a Ele que o mundo ainda está tentando matar. O mundo odiou Jesus e O levou à cruz. Assim, quando o mundo vir Cristo em sua vida, em suas atitudes, o mundo também odiará você. Às vezes, essa perseguição promovida pela língua não procede apenas do mundo pagão, mas dos próprios religiosos: Jesus foi mais duramente perseguido pelos fariseus, escribas e sacerdotes. A religião apóstata tornou-se o braço do Anticristo.

Vejamos por exemplo a perseguição na igreja primitiva. A igreja primitiva foi implacavelmente perseguida. Os crentes foram expulsos de Jerusalém e espalhados pelo mundo. Nero iniciou uma sangrenta perseguição contra a igreja. Alguns crentes eram jogados aos leões esfaimados da Líbia. Outros eram queimados na fogueira. Os crentes eram untados com resina e depois incendiados vivos para iluminar os jardins de Roma. Alguns crentes eram enrolados em peles de animais para os cães de caça morderem. Os crentes foram torturados e esfolados vivos.

---

[150] MacARTHUR Jr., John. O caminho da felicidade, p. 190.

A FELICIDADE DOS PERSEGUIDOS POR CAUSA DA JUSTIÇA 127

Chumbo fundido era derramado sobre eles. Placas de latão em brasa eram fixadas nas áreas mais frágeis do seu corpo. Partes do corpo eram cortadas e assadas diante dos seus olhos.[151] O Império Romano tinha uma grande preocupação com sua unificação. Na época de Cristo, o Império Romano estendeu seu domínio desde as Ilhas Britânicas até o Rio Eufrates. Desde o norte da Alemanha até o norte da África.[152] Roma era adorada como deusa. Depois, o imperador passou a personificar Roma. Os imperadores passaram a ser chamados de "Senhor e Deus". O culto ao imperador passou a ser o grande elo da unificação política de Roma. Era obrigatório uma vez por ano todos os súditos do império queimarem incenso ao deus imperador, em um templo romano. Todos deviam dizer: "César é o Senhor". Os cristãos, porém, se recusavam e eram considerados revolucionários, traidores e ilegais. Por isso, eram presos, torturados e mortos.[153] John MacArthur coloca esse fato assim:

> Era obrigatório que, uma vez por ano, todas as pessoas no Império Romano queimassem incenso para César e dissessem: "César é o Senhor". Quando alguém acendia seu incenso, recebia um certificado chamado *libelo*. Tendo recebido esse certificado, ele poderia adorar qualquer deus que quisesse. Os romanos queriam, em primeiro lugar, apenas certificar-se de que todos convergiam para um ponto comum: César. Os cristãos não declaravam outra coisa senão "Jesus é o Senhor", por isso, nunca recebiam o *libelo*. Conseqüentemente, estavam sempre cultuando a Deus de maneira ilegal.[154]

---

[151] BARCLAY, William. Mateo I, p. 122.

[152] MacARTHUR Jr., John. O Caminho da Felicidade, 2001, p. 175.

[153] BARCLAY, William. Mateo I, p. 124.

[154] MacARTHUR Jr., John. O Caminho da Felicidade, 2001, p. 175.

128 A FELICIDADE AO SEU ALCANCE

Vejamos, agora, as perseguições religiosas ao longo dos séculos. Os crentes foram perseguidos pela intolerância e pela inquisição religiosa. Alguns pré-reformadores como John Huss e Jerônimo Savonarola foram queimados vivos. John Wicliff precisou esconder-se. Lutero ficou trancado em um mosteiro. William Tyndale foi esquartejado. Os calvinistas franceses, chamados de huguenotes, foram perseguidos e assassinados, na França, com crueldade indescritível. Foram caçados, torturados, presos e mortos com desumanidade. A partir de 1559, o governo francês caiu nas mãos de Catarina de Médicis, que, educada na escola maquiavélica, estava disposta a sacrificar a vida dos súditos para alcançar a realização de suas ambições políticas. Na fatídica noite de São Bartolomeu, em 24 de agosto de 1572, dezenas de milhares de crentes franceses foram esmagados e mortos em uma emboscada. Rios de sangue jorraram de homens e mulheres que ousaram crer em Cristo e professar sua fé no Salvador. Ao tomar conhecimento do massacre da Noite de São Bartolomeu, o rei da Espanha, Felipe II, genro de Catarina de Médicis, encorajou a sua sogra a agir ainda com maior despotismo e violência, buscando exterminar os huguenotes da França, e assim varrer todo o vestígio de protestantismo daquela terra.[155]

Na Inglaterra, Maria Tudor ascendeu ao trono em 1553 e governou até 1558. Essa rainha matou tantos crentes que isto lhe valeu a alcunha de "Maria, a Sanguinária". Ela levou à estaca os líderes cristãos e passou ao fio da espada milhares de crentes. O comunismo ateu e o nazismo nacionalista levou milhões de crentes ao martírio no século 20. Na Coréia do Norte, na China e ainda hoje, nos países comunistas e islâmicos, os crentes são presos, torturados e mortos.

---

[155] LOPES, Hernandes Dias. Panorama da História da Igreja. São Paulo: Candeia, 2005, p. 78,79.

A FELICIDADE DOS PERSEGUIDOS POR CAUSA DA JUSTIÇA 129

A forma como devemos enfrentar essa perseguição

Em primeiro lugar, *com profunda alegria*. Não devemos buscar a vingança como o incrédulo; nem ficar de mau humor como uma criança embirrada, nem ficar lambendo nossas próprias feridas cheios de autopiedade, menos ainda negar a dor como os estóicos, muito menos gostar de sofrer como os masoquistas. As palavras que Jesus usa descrevem uma alegria intensa, maiúscula, superlativa, absoluta. A ordem "exultai", *agalliasthe*, significa saltar, pular, gritar de alegria.[156] É alguém que pula de alegria, que exulta com alegria indizível e cheia de glória. O cristão não é um masoquista – ele não tem prazer de sofrer. Ele não se alegra pela perseguição em si ou pelo próprio mal que está recebendo. O cristão exulta pelo significado dessa perseguição e pelas recompensas dela decorrentes.

Em segundo lugar, *com uma paciência triunfadora*. Os profetas sofreram e jamais se exasperaram. Jamais buscaram vingança. Jamais feriram aqueles que lhes feriam a face. Eles se entregaram a Deus. Eles triunfaram pela paciência. Eles confiaram que Deus estava no controle, mesmo quando o mal parecia triunfar.

Em terceiro lugar, *com um profundo discernimento espiritual*. Thomas Watson diz que a perseguição é a pedra de esquina da sinceridade. Ela distingue o verdadeiro crente do hipócrita. O hipócrita floresce na prosperidade, mas é sufocado pela perseguição (Mt 13.20,21). Um hipócrita não consegue navegar em mares tempestuosos. Ele seguirá Cristo ao Monte das Oliveiras, mas não ao Monte do Calvário.[157] O verdadeiro crente carrega Cristo no coração e a cruz nos ombros.[158] Cristo e Sua

---

[156] MacARTHUR Jr., John. O caminho da felicidade, p. 194.

[157] WATSON, Thomas. The beatitudes, p. 262.

[158] WATSON, Thomas. The beatitudes, p. 269.

130 A FELICIDADE AO SEU ALCANCE

cruz jamais podem ser separados. Jesus disse que no mundo teríamos aflições (Jo 16.33).

A recompensa divina da perseguição

Em primeiro lugar, *uma felicidade superlativa* (Mt 5.10,11). A palavra *macarioi*, como já vimos, descreve uma felicidade plena, copiosa, superlativa, eterna. Essa felicidade não é circunstancial. Não depende do que acontece à nossa volta. Vem do alto. Está dentro de nós. Vejamos o que Tiago diz para o povo perseguido na diáspora: "Meus irmãos, tende por motivo de toda a alegria, o passardes por várias provações..." (Tg 1.2-4). Jesus parabeniza aqueles que o mundo mais despreza, e chama de bem-aventurados aqueles que o mundo persegue.

Por que os perseguidos são felizes? William Barclay aponta-nos quando ser perseguido é motivo de alegria:[159]

Oportunidade para demonstrar lealdade a Cristo. Quando Policarpo, o bispo de Esmirna, foi preso e sentenciado à morte por causa da sua fé em Cristo, ofereceram a ele a oportunidade de negar a Cristo e adorar a César. Ele respondeu corajosamente: "Durante 86 anos tenho servido a Cristo, e ele nunca me fez mal. Como posso agora, blasfemar de meu Rei e Senhor?".

Porque contribuem para o bem daqueles que vêm depois de nós. Hoje desfrutamos liberdade e paz porque homens e mulheres do passado sofreram e pagaram um preço. Hoje desfrutamos liberdade e paz porque houve homens e mulheres que no passado estiveram dispostos a conquistá-las para nós a custo de seu sangue, suor e lágrimas.[160] Martin Luther King Jr. tombou como mártir, mas sua causa triunfou e hoje a segregação racial é um crime em

---

[159] BARCLAY, William. Mateo I, p. 125-128.

[160] BARCLAY, William. Mateo I, p. 126.

A FELICIDADE DOS PERSEGUIDOS POR CAUSA DA JUSTIÇA 131

seu país. William Wilberforce lutou pela libertação dos escravos. Alguns dias antes de ele morrer, a lei que colocava fim à escravidão na Inglaterra foi sancionada.

Em segundo lugar, *a posse de um reino glorioso* (Mt 5.10). Essa última bem-aventurança termina como começou a primeira. Os perseguidos por causa da justiça recebem o Reino dos céus. Aqui eles podem perder os bens, o nome e a vida, mas recebem um reino eterno, glorioso para sempre. Os sofrimentos do tempo presente não se comparam às glórias por vir a serem reveladas em nós (Rm 8.18). Os perseguidos podem ser jogados na prisão, podem ser torturados, podem ser martirizados, mas recebem uma herança incorruptível, gloriosa. Eles são filhos e herdeiros. Um dia ouvirão Jesus lhes dizer: "Vinde, benditos de meu Pai, entrai na posse do Reino que vos está preparado desde a fundação do mundo".

Em terceiro lugar, *a certeza de que a recompensa final não é nesta vida* (Mt 5.12). O mundo odeia pensar no futuro. O ímpio detesta pensar na eternidade. Ele tem medo de pensar na morte, mas o cristão sabe que sua recompensa está no futuro. Ele olha para a frente e sabe que tem o céu. Sabe que tem a coroa. Disse Paulo, na ante-sala do martírio: "Eu sei que o tempo da minha partida é chegada [...]. Agora a coroa da justiça me está preparada..." (2Tm 4.6-8). O crente sabe que lhe espera um grande galardão. Podemos perder tudo aqui na terra, mas herdaremos tudo nos céus. A Bíblia diz que aguardamos a cidade celestial (Hb 11.10). Crisóstomo, um grande cristão do quinto século, foi preso e chamado diante do imperador Arcadius, por pregar a Palavra. Ameaçou bani-lo. Ele disse: "'Majestade, não podes me banir, pois o mundo é a casa do meu Pai'. 'Então, terei de matá-lo.' 'Não podes, pois minha vida está guardada com Cristo em Deus.' 'Seus bens serão confiscados.' 'Majestade, isso não será possível. Meus tesouros estão nos céus.' 'Eu te afastarei dos homens e não terás amigos.' 'Isso não podes fazer, porque tenho um Amigo nos

132 A FELICIDADE AO SEU ALCANCE

céus que disse: De maneira alguma te deixarei, jamais o abando-narei."[161]

Em quarto lugar, *a convicção de que é seguidor de uma bendita estirpe* (Mt 5.12). Quando você estiver sendo perseguido por causa da justiça e por causa de Cristo, saiba que você não está sozinho nesta arena, nesta fornalha, neste campo juncado de espinhos. Atrás de você marchou um glorioso exército de profetas de Deus. A perseguição é um sinal de genuinidade, um certificado de autenticidade cristã, "pois assim perseguiram os profetas que viveram antes de vós". Se somos perseguidos hoje, pertencemos a uma nobre sucessão. Os ferimentos são como que medalhas de honra para o cristão. Jesus disse: "Ai de vós quando todos vos louvarem" (Lc 6.26). Dietrich Bonhoeffer, executado no campo de concentração nazista de Flossenburg, por ordem de Heinrich Himmler, em abril de 1945, disse que o sofrimento é uma das características dos seguidores de Cristo. Isso prova que você é um crente verdadeiro, uma pessoa salva. Isso prova que verdadeiramente você está acompanhado por uma nuvem de testemunhas da mais alta estirpe espiritual. Quando você é perseguido, isso significa que você pertence à linhagem dos profetas.

Vejamos finalmente algumas considerações finais sobre essa bem-aventurança:

Primeiro, precisamos considerar por quem sofremos. Muitas pessoas sofrem por seus pecados, por sua luxúria, por seus prazeres, por seus bens materiais. Não deveríamos ter disposição para sofrer por Cristo? Se um homem é capaz de sofrer pelos seus pecados que o levam à morte, não deveríamos sofrer por Cristo, que nos deu a vida?

Segundo, precisamos considerar que sofrer por Cristo é uma honra. Os apóstolos, depois de serem açoitados pelo sinédrio,

---

[161] MacARTHUR Jr., John. O caminho da felicidade, p. 197,198.

A FELICIDADE DOS PERSEGUIDOS POR CAUSA DA JUSTIÇA 133

saíram regozijando-se por terem sido considerados dignos de sofrer afrontas por causa de Cristo (At 5.41). Os discípulos aspiravam a um reino temporal (At 1.6), mas Cristo disse que eles seriam mártires a levar seu testemunho até os confins da terra (At 1.8). Sofrer por Cristo é mais honroso do que ter um reino sobre a terra.

Terceiro, precisamos considerar o que Cristo suportou por nós. Toda a vida de Cristo foi uma vida de sofrimento. Você é pobre? Cristo também o foi. Ele não tinha onde reclinar a cabeça. Você está cercado de inimigos? Cristo também esteve. Pedro disse: "Porque verdadeiramente se ajuntaram nesta cidade contra o teu santo servo Jesus, ao qual ungiste, Herodes e Pôncio Pilatos, com gentios e gente de Israel" (At 4.27). Você tem sido traído pelos amigos? Cristo também o foi. "Judas, tu trais o filho do homem com um beijo?" (Lc 22.48). Você tem sido acusado injustamente? Também Cristo o foi: acusaram Jesus de insurgir contra a lei, contra o templo, contra César. Acusaram-no de expulsar demônios pelo poder de Belzebu. Você tem sido ultrajado com escárnio? Também Jesus o foi. Foi preso, espancado, cuspido, pregado na cruz.

Precisamos considerar que o nosso sofrimento aqui é leve e momentâneo quando visto à luz da recompensa eterna. Paulo diz que a nossa leve e momentânea tribulação produz para nós eterno peso de glória (2Co 4.17). Os sofrimentos do tempo presente não podem ser comparados com a glória a ser revelada em nós (Rm 8.18). Somos bem-aventurados!

Precisamos ter a convicção de que a perseguição e o sofrimento jamais poderão separar-nos do amor de Deus. O apóstolo Paulo exulta em Deus e pergunta, cheio de entusiasmo: "Quem nos separará do amor de Cristo? Será tribulação, ou angústia, ou perseguição, ou fome, ou nudez, ou perigo, ou espada? [...]. Em todas estas coisas, porém, somos mais do que vencedores, por meio daquele que nos amou. Pois eu estou bem certo de que

134 A FELICIDADE AO SEU ALCANCE

nem a morte, nem a vida, nem os anjos, nem os principados, nem as coisas do presente, nem do porvir, nem os poderes, nem a altura, nem a profundidade, nem qualquer outra criatura poderá separar-nos do amor de Deus, que está em Cristo Jesus, nosso Senhor" (Rm 8.35-39).

Sua opinião é importante para nós. Por gentileza, envie seus comentários pelo e-mail editorial@hagnos.com.br

Visite nosso site: www.hagnos.com.br

Esta obra foi impressa na Imprensa da Fé.
São Paulo, Brasil.
Verão de 2021.